LIUCHENG
ZHIXINGLI

流程执行力

如何让企业的流程执行起来

本书独创了在流程中增设流程稽核员的方法，
从而大大提高流程执行力。

周贤　著

SPM
南方出版传媒
广东经济出版社
·广州·

图书在版编目（CIP）数据

流程执行力：如何在让企业的流程执行起来/ 周贤著. —广州：广东经济出版社，2016. 1

ISBN 978 -7 -5454 -4336 -3

Ⅰ. ①流…　Ⅱ. ①周…　Ⅲ. ①企业管理Ⅳ. ①F270

中国版本图书馆 CIP 数据核字（2015）第 289078 号

出 版 人：姚丹林
责任编辑：高文彪
责任技编：许伟斌
封面设计：李康道

出版发行	广东经济出版社（广州市环市东路水荫路 11 号 11 ~12 楼）
经销	全国新华书店
印刷	广州市岭美彩印有限公司（广州市芳村区花地大道南海南工商贸易区 A 幢）
开本	730 毫米 ×1020 毫米　1/16
印张	14. 75　4 插页
字数	204 000 字
版次	2016 年 1 月第 1 版
印次	2016 年 1 月第 1 次
印数	1 ~4 000 册
书号	ISBN 978 -7 -5454 -4336 -3
定价	48. 00 元

如发现印装质量问题，影响阅读，请与承印厂联系调换。
发行部地址：广州市环市东路水荫路 11 号 11 楼
电话：（020）38306055　37601950　邮政编码：510075
邮购地址：广州市环市东路水荫路 11 号 11 楼
电话：（020）37601950　营销网址：**http://www. gebook. com**
广东经济出版社新浪官方微博：**http://e. weibo. com/gebook**
广东经济出版社常年法律顾问：何剑桥律师

序　言

笔者于1994年下海广东，进一家电子厂从剪线工人开始做起的，一共做了将近12年的工厂一线员工和高、中、基层管理工作，2006年开始做驻厂管理咨询，做了8年的精细化管理（或精益管理）或流程管理咨询和培训工作。

在笔者8年的精细化管理咨询过程中，被笔者主导实施精细化管理的一些企业，取得了一些成果，获得了企业赠予的感谢信、锦旗和顾问聘书等荣誉。

在做管理和管理咨询的过程中，我们常常要做的项目是半年的精细化管理（最初我们称"管理变革"），而体现精细化管理的主要载体，是流程。但是，流程在企业的推动和执行并不是那么容易，推动流程、执行流程的过程，其实就是流程改革的过程，也是反映精细化管理程度的过程。

流程能否顺利推行，就决定精细化管理能否成功。事实上，不管是早期推行ISO 9000的企业，还是近几年来请管理咨询公司进驻企业精细化管理的企业，都存在着流程执行率很低的情况。

笔者曾针对民营企业抽查统计，87.5%的民营企业流程执行率不到50%，有的民营企业流程执行率只有17.85%！很多企业流程的真正执行，成为一个难题！

如果我们只重视传统的行政管理（领导式管理），不重视用流程做管理，企业的管理成本就会高涨起来，领导也容易犯错，特别是细节容易失控，而推行流程做管理的好处在于，让领导轻松，员工做事不会随意和粗放，人人都可管事，并且能把细节控制起来，以便把管理做得更精确！

流程的制定一定要是企业土生土长出来的，而不是生搬硬套的。流程执行的关键是要制定得合理和具有激励性！如果因为不合理和没有激励性，导致没有执行，也就谈不上靠流程的执行来为企业创造效益。所以，本书专门分五个章节来阐述流程管理，主要研究如何让企业的流程执行起来。由于主要研究流程的执行力，为了便于读者理解本书的宗旨，笔者把本书的书名定为《流程执行力》。

第一章　推行流程的价值和原则；

第二章　行政管理和流程管理；

第三章　流程推行十步骤；

第四章　流程执行不力的六大常见原因、对策；

第五章　提高流程执行力的六大重点。

在此，笔者根据 20 年的管理实战经验，跟大家一道分享流程是如何推动和如何执行的。由于笔者水平有限，难免会有局限性，欢迎各界读者朋友批评、指正！

作者：周贤

2014 年 12 月 4 日

于广州天河棠下上社

目　录

第一章　流程的价值和原则

我们在谈流程的价值和原则之前，请思考一下：作为一个工厂人，应有的标准是什么？工厂人的标准有四个：

1. 精细化的意识

（1）喜欢用数据说话；

（2）喜欢用较小单位承诺别人；

（3）喜欢研究事实真相。

2. 职业化的意识

（1）按规定去做；

（2）对事不对人；

（3）公司利益大于个人利益。

3. 市场化的意识

（1）市场化的本质为下工序就是你的客户；

（2）市场化的规则是工作成绩由别人来评价；

（3）市场化的生存技巧是以老板的心态去做。

4. 协调化的意识

（1）配合上司完成工作；

（2）配合同事完成工作；

（3）配合下属完成工作。

如果把工厂人的标准借荐在衡量流程的作用上，那么，流程的制定是否精细，员工是否愿意执行流程，流程的结果是否满足客户需要，是衡量流程作用的三个维度。

流程执行得好不好，最终会影响员工的收入和企业的效益，我们不得不重视。流程的价值是提升员工的能力、能有效激励员工、提升品质、效率和降低成本。

第一节　流程的定义及类型

流程：水流的路程，常指事物进行中的次序或顺序的安排。关于工作流程是什么，不同的专家，都给了它不同的定义。笔者根据这么多年推行流程的经验，自身对流程的理解可能会有所不同。

我们所谈的工作流程，在本书中主要是围绕岗位职责来说的，通俗地说，就是企业不同岗位具体职责实现的先后顺序。

业务流程是每一个作业岗位为实现自身的目标而实现岗位具体职责的先后顺序。

管理流程是每一个管理岗位为实现自身的目标而实现岗位具体职责的先后顺序。

管理流程和作业流程往往密不可分，一个流程里，一般既有作业岗位，又有管理岗位，所以，后文所说的工作流程，既包括作业流程，又包括管理流程。简称“流程”。

一个流程，一定有以下三个方面的内容，笔者把它们分别称为“职责、检查和激励”三个要素：

一、谁去做？什么时间完成什么质量、数量的工作？（职责）

二、谁去检查他做的进度和结果？（检查）

三、如果没有做完，怎么办？如果做完了，又怎么办？（激励）

有关三要素在流程里的体现，大家可以看看下面的“进料检验控制流程”（含表单）模板。

1. 目的

规范外购、外协物料的检验、判定和不合格进料批的评审、处理，确保不合格物料及时判定、评审和处理。

2. 适用范围

适用于本公司外购、外协物料的检验。

3. MRB 定义、组成及会签意见参考内容

MRB：是英文 material review board 的缩写，翻译为“物料评审小组”，它的成员是由品质部经理、PMC 经理、采购部主管、工艺技术部主管、研发部主管和生产部主管等人员组成。MRB 成员会签的意见可以参考如下几个方面：品质部考虑是否可以使用，怎么用等；PMC 考虑物料紧急与否，是否影响生产进度等；采购部考虑采购周期、物料供应状况是否正常；工艺技术部考虑挑选/加工方案，作工艺技术支持等；研发部考虑提供产品技术标准，作产品技术支持等；生产部考虑可操作性，误工误产的影响等。

4. 职责

4.1　品质部：负责对来料检验、判定和处置工作，并启动 MRB 评审，提出评审意见。

4.2　库管部：负责收料、送检、办理物料入库、退货等工作。

4.3　采购部：负责与供应商做好退货、补料协商工作。

4.4　物料评审涉及相关部门：负责对不合格批物料的参与评审工作。

5. 作业流程

5.1　库管员依“采购订单”“送货单”将物料核对预收后放置于待检区，一般报检信息由库管部以书面形式通知 IQC，紧急时同时电话通知 IQC 检验员，并指明物料所在位置。

5.2　IQC 检验员接到报检通知后，根据物料使用情况进行验货，原则上每日的进料必须当天检验完毕（特殊情况除外）。

5.3　检验合格的物料由 IQC 检验员做好合格标识。

5.4　根据进料类别，填写进料检验报告书面记录。若检验合格，直接输入电脑 ERP 系统作最终判定处理。

5.5　若检验不合格，则按进料不合格批进行处理：

5.5.1　品质部经理如果能裁决（如来料错误或结构错误等不良而不能加工成良品使用的），则物料不需要评审，由 IQC 检验员填写“进料检验报告”在 10 分钟内交给品质经理，品质经理在 20 分钟内对“进料检验报告”作出裁决。该“进料检验报告”由品质部文员分发 PMC、采购和库管部。

5.5.2　在 PMC 需要评审物料的情况下，由 IQC 检验员填写“进料检验报告”在 10 分钟内交给品质经理，品质经理在 20 分钟内对“进料检验报告”作出处理意见，剩下未签署处理意见的部门由 PMC 文员送交 MRB 相关成员签署处理意见（该项工作本身是应该由采购部去完成的，现根据浩宁达目前实际状况，暂时放在品质部，交由品质文员去完成），从成员接到报告开始计时，各成员签字时间不得超过 20 分钟（特殊情况除外），在品质部经理能裁决的情况下，直接由品质部经理在 20 分钟内做出裁决；不能裁决的则由品质部经理在 10 分钟内转交生产总监在 20 分钟内做出裁决，裁决结果常见如下：

5.5.2.1　退货：退货处理的情况有常见以下两种：

5.5.2.1.1　进料不良率很高（不同的物料不良率不一样，主要看对产线效率的影响是否大，具体情况具体处理）或 100% 不良，且没法加工的。

5.5.2.1.2　进料不良率虽高，但完全可以退回供应商返工检验合格送交我司，满足我司的物料需求和生产需求的。

5.5.2.1.3　退货的由采购通知供应商来我司办理退货手续。处置为退货的“进料检验报告”必须要有 PMC 负责人和采购部负责人在“MRB 处理意见栏”签署处理意见，该“进料检验报告”由品质部文员分发 PMC、采购和库管部。

5.5.2.2　挑选/加工使用：分我司挑选/加工使用和供应商挑选/加

工使用。

5.5.2.2.1　我司挑选/加工使用：生产紧急，若退回供应商，会影响我司的物料需求和生产需求，在供应商来不及到我司挑选加工的情况下，可由我司 IQC 检验员指导生产线挑选/加工使用，挑选/加工后，将合格的物料入库或投入生产线使用，不合格的物料退回供应商。处置为我司挑选/加工使用的“进料检验报告”必须要有 PMC 负责人、采购负责人、产线负责人在“MRB 处理意见栏”签署处理意见（从成员接到报告开始计时，各成员签字时间不得超过 5 分钟），并将该“进料检验报告”由品质部文员分发 PMC、采购、IPQC、FQC、产线和库管部。

5.5.2.2.2　供应商挑选/加工使用：生产急用，若供应商来得及到我司挑选/加工使用，不影响我司的物料需求和生产需求，可由供应商自行挑选/加工后，按 4.1 ~4.4 程序重新检验。处置为供应商挑选/加工使用的“进料检验报告”必须要有 PMC 负责人、采购负责人在“MRB 处理意见栏”签署处理意见（从成员接到报告开始计时，各成员签字时间不得超过 5 分钟），并将该“进料检验报告”由品质部文员分发 PMC、采购、库管部。

5.5.2.3　让步接收：物料不合格但不影响使用性能时，经品质部经理确认后，IQC 检验员在该批物料上做好紫色的“让步接收”标识，库管部对该批物料作入库处理；处置为让步接收的“进料检验报告”由品质部文员交 PMC 负责人、产线负责人和采购负责人在“MRB 处理意见栏”签署处理意见（从成员接到报告开始计时，各成员签字时间不得超过 5 分钟），并由品质部文员将该“进料检验报告”分发 PMC、产线、IPQC、FQC、采购和库管部等。

5.5.3　若生产线物料急用，PMC 对品质部处理结果有异议时，则由 PMC 提出 MRB 评审需求，实施 MRB 评审，此时由 PMC 文员送交 MRB 相关成员签署处理意见（从成员接到报告开始计时，各成员签字时间不得超过 5 分钟）、裁决，生产总监必须在 15 分钟内完成裁决。

5.5.4　按以上三种方式处理后，品质部文员将“进料检验报告”

分发相关部门，IQC 检验员必须做好相应的不合格标识（退货、让步接收、挑选等）。

5.5.5　对于进料检验过程中发现的进料不合格，其抽检数量不合格率达10%的或同种问题重复发生的，品质部经理根据“进料检验报告”处理的裁决结果，评估是否需要发出“品质异常处理报告”给采购部，如需要，则需在10分钟内发出。采购部收到“品质异常处理报告”后，在5分钟内须向供应商发出“品质异常处理报告”，且要求供应商在5个工作日内回传已做好改善措施的“品质异常处理报告”至采购部，并在下一批进料实施改善，IQC 检验员对供应商进料的改善情况进行验证。

5.6　如物料特急，来不及检验，按以下的特急放行规定进行处理：

5.6.1　因生产急需，IQC 检验员来不及检验而须要放行时，由 PMC 负责人填写“物料特急放行申请单”，经品质部经理批准后执行特急放行，批准后的“物料特急放行申请单”由 PMC 复印并分发至库管部、品质、采购等部门，自留一份存底。

5.6.2　IQC 检验员按抽样检验计划留取规定数量样品，并在批准特急放行的物料上做好蓝色的“特急放行”标识。

5.6.3　IQC 检验员对留取样品进行正常检查，如发现不合格时，品质部经理在“进料检验报告”上做出处理意见，IPQC 必须对该批特急放行的物料进行跟踪处理，对制成半成品或成品的，要由 FQC 进行全程监控，并分别在“半成品巡检报告”或“成品检验报告”上注明所使用物料的品质状况，以便追溯。

5.6.4　IQC 检验员出具的“进料检验报告”右上角应加盖“特急放行”章。

5.7　库管部库管员将合格的物料进仓，办理相关手续；隔离不合格品，并将每日退货信息通知 PMC 和采购员，所有工作不能迟于次日9：00之前完成。

5.8　采购员负责与供应商就退货与补货事宜进行协商处理。

5.9　品质部文员按 ERP 系统上的物料入库信息和“进料检验报告”对每天的进料情况进行统计分析，并对供应商每周每月的抽检合格率分别按批次合格率，数量合格率，品名合格率进行统计分析，并在每周四）17：30 分前做成周报和每月 5 号 17：30 分前完成月报，报品质部经理核实。

6. 激励约定

6.1　未按流程约定时间完成作业的，责任人向下一个流程作业员乐捐 5 元/单。流程作业者没有要求责任人乐捐的，流程作业者向稽核专员乐捐 5 元/单。

6.2　未按流程工作要求执行操作的，责任人向下一个流程作业员乐捐 10 元/单。流程作业者没有要求责任人乐捐的，流程作业者向稽核专员乐捐 10 元/单。

6.3　未遵守该作业流程的规定而被举报稽核属实的，一经查实，责任人向稽核专员乐捐 10 元/项，给予举报人奖励 30 元/项；同时，稽核人员和其他人员须为举报人保密，没有保密的，责任人乐捐 50 元/次。

6.4　一个月的运行工作日内，责任人没有一次违反“激励约定”所规定的事项，月度例会上通报表扬一次；一个季度运行的工作日内，责任人没有一次违反“激励约定”所规定的事项，季度例会上通报嘉奖一次 100 元；一个年运行的工作日内，责任人没有一次违反“激励约定”所规定的事项，年度总结会上通报记功一次 500 元。

7. 应用表单

7.1　“物料特急放行申请单”；

7.2　“进料检验报告”；

7.3　“品质异常处理报告”。

8. 进料检验控制流程图（如下）

序号	作业流程	责任人	表单	作业内容
1	报检	库管员	“报检单”	库管员将来料依“采购订单”验收并填写书面报检资料（如报检单、送检单等）向 IQC 报检，指明物料所在位置
2	检前准备	IQC		IQC 按检验标准确定待检物料的检验方案，准备好相关的资料、检验用具
3	检验实施	IQC	“进料检验报告”	IQC 按既定方案进行检验，将检验结果记录在“进料检验报告”上
4	检验判定（OK → 合格品进仓；NG → 不合格批处理）	IQC	“进料检验报告”	IQC 依检验结果对物料作合格与否的判定并作相应标识
5	合格品进仓	库管员		按“进料检验报告”与 IQC 标识，仓管员将合格品送入仓
6	资料处理	IQC 文员	“进料检验日报表”	IQC 做好当日的品质检验质量状况记录，并在次日 10：00 前交品质部文员进行统计
7	不合格批处理	品质经理/ PMC 负责人	“进料检验报告”	进料检验发现来料不合格时，若不需要评审，由品质经理直接进行处理；需要评审时，则由 PMC 主导或启动 MRB 评审、裁决

表格一：

物料特急放行申请单

申请部门		时间	
申请人		部门负责人	
物料编码	物料名称	规　格	放行数量
品质经理		品质部直属上司 /总经理核准	
备注：			

表格二：

进料检验报告　　　　编号：

供应商		名称规格		检验数/送检数	
物料类别		采购订单号码		合格率/送检人	
物料编码		来料时间		送检时间	
检验方式：□全检　□抽检		检验开始时间		检验完成时间	

GB2828—2003 抽样判定水准：			附样或特性描述：
AQL 定值	AC	RE	
CR：			
MA：			
MI：			

检验项目	检测结果	缺陷判定		
		CR	MA	MI
外观				

续表

规格 尺寸				
包装 标识				
机械 性能				
老化 测试				
电气 性能				

判定	合格　（　） 不合格（　）	检验员		核准	

MRB 评审、裁决		
部门	MRB 处理意见	签名/时间
品管部		
PMC 部		
采购部		
工程部		
研发部		
生产部		
市场部		
最终处 理意见		

表格三：

品质异常处理报告

□物料　□制程　□成品

发文部门填写	生产部门/供应商		生产/送检数量		检验数量	
	客户名称		生产/检验单号		不良数量	
	产品名称/型号				日　期	年　月　日
	异常描述：					
	责任部门：					
	填写	时间：　时　分	审核			时间：　时　分
接文部门			接文人		接文时间	时　分
责任部门/供应商填写	原因分析	填写：　审核：				
	临时措施：					
	序号	纠正措施具体内容			负责人	完成时间
	1					
	2					
	3					
	4					
	永久措施					
	序号	预防措施具体内容			负责人	完成时间
	1					
	2					
	3					
	4					
	填写	时间：　时　分	审核			时间：　时　分

续表

<table>
<tr><td colspan="2">品质确认</td><td colspan="2">□接受 □不接受（下一单号码：　　　　　）</td><td>填写</td><td>时间：　时　分</td></tr>
<tr><td rowspan="4">品质部填写</td><td rowspan="2">效果确认</td><td colspan="4">资料提供确认：</td></tr>
<tr><td colspan="4">改善效果确认：</td></tr>
<tr><td colspan="5">下一异常单号码（效果确认不合格时）：</td></tr>
<tr><td colspan="2">验证人/日期</td><td></td><td>审批/日期</td><td></td></tr>
</table>

第二节　流程、岗位职责和部门职能的关系

我们很多企业都有书面的部门职能、岗位职责和流程，那么，这三者是什么关系呢？部门职能是部门内各岗位职责的集中体现，而岗位职责是通过流程来实现的。所以，流程执行得好不好，直接反映岗位职责的执行情况，岗位职责履行得如何，也直接导致部门职能发挥得是否到位。

第三节　制度、工作指引、表单和流程的关系

流程是不同岗位职责具体实现的工作步骤，是告诉岗位该做什么和不同岗位怎么衔接，是实现岗位职责的依据。公司流程是母流程。例如生产管控流程，就是母流程。它是从接单到出货整个环节的流程。跨部门的流程，是子流程。像 ISO 9000 里的程序文件，就是子流程。公司流程是实现部门职能的依据，笔者把它叫实现部门职能的一级依据；跨部门的流程是实现不同岗位职责的依据，笔者把它叫实现不同岗位职责的二级依据。

而制度，要写的是：一、岗位不能做什么；二、岗位该做而没做时该怎么办。所以，制度是实现流程的前提和保障，也就是实现岗位职责的前提和保障。

工作指引是流程的延续、放大和细化，它是同一岗位职责具体实现的工作步骤，是实现同一岗位职责的三级依据。工作指引包括了“作业指导书”“检验指导书”“设备安全操作规程”“设备操作指导书”“仪器校验规程”“QC 工程图”“BOM”“工艺流程图”“产品规格书”“包装材料清单”“材料消耗标准”“材料配方标准”“工时定额标准”“物料编码标准”和各种图纸等。

表单是指表格和单据，是实现流程的具体体现，它是不同岗位职责和同一岗位职责的工具。它包括了“设计开发任务书”“设计更改审批通知单”“设计评审申请报告”“设计评审报告”“设计产品试验报告”“设计确认报告”“设计输入/输出清单”“设计开发计划”“工艺评审报告”“设计变更申请单”“首件样品检验报告”“样品评审表”“小批量试制评审表”“认证标志发放登记表”“工模夹具验收报告”“认证产品变更申请书 ”“认证产品技术文件清单”“工模具管理台账”“人力资源需求表”“入职登记表”“宿舍管理表”“食堂满意度调查表”“生产计划表”“物料需求计划表”“检验报告”“检验记录”“不合格品通知单”“纠正预防措施单”“生产异常处理报告”等；单据报括了“入库单”“出库单”“退料单”“补货单”“报废单”，每个部门的日报、周报、月报、季报和年报等。

流程的实现、工作指引的遵守和表单的使用，一定要和激励制度或考核制度结合起来，才可能有用。制度和流程怎么结合呢？流程里面的岗位职责条款，如果不执行，你要设计出合理的制度条款去约束他，他才可能会去做。工作指引和制度怎么结合呢？工作指引里面的岗位职责条款，如果不执行，你要设计出合理的制度条款去约束他，他才可能会去做。表单和制度怎么结合呢？前提是明白了设计表单的作用，表单设计合理。如果使用者不填，你就要激励他填写。否则，久而久之，表单就流于形式，没有作用。

试想，是不是有了制度，人们都会把流程、工作指引和表单执行起来呢？那也未必。因为没有专人或专职能的人去查，反复查，然后实施激励，就持续不下去。有了检查力，才可能有执行力；有了激励，才可能有好结果。哪怕是差的结果，我们也要去激励。

所以，制度执行得怎样，直接会影响流程、工作指引和表单执行的效果。

既然流程、工作指引和表单是为了实现岗位职责服务的，而制度是为了执行流程职责条款、工作指引和表单服务的，与其说在探讨流程执行力、工作指引执行力和表单执行力，还不如说在探讨制度执行力。由于工作指引执行力、表单执行力和流程执行力的本质一样，且工作指引和表单也是为实现流程服务的，所以，本书主要探讨流程执行力。

在此声明，本书所探讨的流程是包含了实现职责条款对应的制度条款的。

第四节　流程推行的八大关键原则和一个核心原则

企业推行流程（包括制度），应遵循什么原则呢？笔者认为流程遵循的原则很多，如，流程的衔接性，流程之间不能相互冲突、流程之间不能重叠等原则，其中，以下八个关键原则和一个核心原则特别重要，它们分别是：

（1）适用性：流程是土生土长出来的；

（2）前瞻性：流程是不能朝令夕改的；

（3）激励性：流程是有效带动员工的；

（4）权威性：流程是遵守火炉法则的；

（5）时效性：流程在适当时间要予以修正；

（6）高质性：流程的设计会增加工作质量；

（7）高效性：流程的设计会提高工作效率；

（8）低成本：流程的设计会减少失败成本。

流程的合理性，是合理意见的共识，至关重要，是流程设计的核心原则。

下面，笔者举例来帮助读者朋友理解流程推行的八大关键原则和一个核心原则。

在物料到位正常情况下，PCBA 的检验时间，不能太长，也不能太短。应该如何确定呢？应该有一个平均检验标准时间和公差。检验标准时间必须经过实际测定而来。结合找拿检验标准、搬运时间、开箱时间、封箱时间、报告异常和处理异常时间等，经实际测定，可以算出检验每个 PCBA 平均需要×小时。

像检验时间×小时，就是土生土长的，不是从别的工厂搬过来的检验时间。这个时间是符合“适用性”的。

今天把 PCBA 的检验时间定为×小时，明天不能因为新 IQC 检验员的不熟练而改变检验时间。除非是增加了检验项目等原因。像这种情况，不轻易改变，就属于“前瞻性”。

IQC 检验员如果没有按时、按质、按量完成检验，就会接受乐捐；如果一个季度下来，IQC 检验员按时、按质、按量，就会得到奖励。像这种情况，属于“激励性”。

不管是谁来检验这种物料，哪怕是老板的儿子来检验它，做得好和做不好，都得一样激励他。谁违反了规定，就得按规定处理。包括老板在内。这就是“权威性”。

如果有一天，PCBA 因为性能不稳定，需要增设电子元件才能有好的性能，使得检验项目增多，这时，流程规定的检验时间×小时就要重新调整合理。这就是“时效性”。

IQC 所花 PCBA 的检验时间，不能太短，不能超出检验时间的下偏差。如果太短，可能会是偷工减查，这样，检验的质量没法保证。如果 IQC 检验员按图纸、样品、“规格书”“抽样标准表”“检验指导书”等标准把该检物料的检验项目不折不扣地检完了，这样才有可能保证检验质量。这就是笔者所说的“高质性”。

IQC 所花 PCBA 的检验时间，不能太长，不能超出检验时间的上偏差。如果太长，可能会是检验的方法不对，这样，检验效率就会太低。

如果能按时检验完成，甚至是花的时间很短，这样，就是所谓的“高效性”。

高质和高效做好了，也没有花多余的成本，没有发生品质风险或品质问题，这就是所说的“低成本”。

上面所有的关键原则，都是基于核心原则“合理性”来说的。

再如：

（1）企业可以“教育化”，但学校能实行教育“企业化”吗？现在的老师大都在抓教学收入了，那么，教育还有什么质量可言？它符合“高质性”吗？显然不符合！

（2）医院的流程是高效的吗？在一楼挂了号，上四楼看完病，又返回一楼交费。这就不符合“高效性”！医生看病人在流程中有规范吗？很多医生就连基本的“望、闻、问、切”都不做，这就不符合“高质性”。

（3）品质发生异常了，质检员发现问题，有能力处理，是先上报质检组长，再告诉生产线的班组长去改进，还是质检员直接反馈给生产线员工改进呢？应该是后者。但我们现在很多工厂选择的是前者的做法。这样的流程有无问题？回答是有问题的。因为它不符合“高效性”。

（4）生产线的设备发生了故障，是由生产线的员工报告班组长，再由班组长报告给主管，再由主管把设备故障信息书面反馈给设备部的主管，然后由设备部的主管告诉维修班长，最后由维修班长委派维修员工去维修，还是直接由生产线员工向维修工反馈，维修好后，再由他们分别向自己的上司报告快呢？显然是后者具备“高效性”。最终目标是培养生产线员工会做简单的维修，甚至是多能工，全部会修。

（5）有的公司，员工到公司上班，迟到是很容易识别的，但公司对员工考勤的做法，就是高成本的。我们只需考核、统计迟到人员的情况，就可以了。没有必要把不迟到和迟到的，全都考核和统计在“员工考核表”格里。这就是浪费雇员的工作时间和公司的成本。职员和干部出差，如果是日常性的出差，例如天天出差到同一地点，就不需要每天填个“出差申请表”给领导批准。其实只需要把出差的这个期间填个“出差申请表”给上司批准就行了。否则，都是工作时间和成本浪费。这是不符合“低成本”的例子。

强调一下，不管是“高质性”“高效性”还是“低成本”等关键原则，都要恰到好处，也就是要求满足“合理性”。

第二章　行政管理和流程管理

行政管理是纵向管理（也叫垂直管理），是上司管下属；流程管理是横向管理（也叫水平管理），是客户管供应者。既然是管理，就有目标，遵循 PDCA 管理循环。行政管理的目标，是由上司确定的。上司确定的目标，不一定是客户需要的；流程管理的目标，是由客户制定的。客户制定的目标，一定是客户需要的。

行政管理 PDCA，大家都晓得。但流程管理 PDCA 是什么呢？

流程管理 PDCA，是流程职责实现的目标、流程职责的实行、流程职责实行的检查和流程职责实行的改进。流程实现的目标，就是执行岗位职责，包括“条职责”“分职责”“支职责”的执行。流程管理的核心，是流程执行力。从下一章开始，笔者就和大家重点来探讨流程执行力的问题。

行政管理和流程管理，各有各自的优缺点。

本章节主要说明行政管理的传统弊病和流程管理的大势所趋。

第一节　传统管理模式和直线组织结构的问题

行政管理是传统的管理模式，它的优点能体现出流程解决不了的问题，如灵活性和流程例外的问题等。但光靠领导做管理，它的缺点很明显，有以下几点：

（1）领导会不够用。没有哪家企业的领导会比员工多。哪个企业的老总会比员工多呢？

因为用人成本高，不可能。所以，你不要期望着靠领导能把事情解决。

（2）领导容易官僚。就像我们成功是为了摆脱约束一样，哪个人做了领导之后还愿意那么吃苦受累？当个领导不就求个身份感吗？那么，有点身份感的人谁还愿意天天往车间跑？谁还愿意天天去干那个累活、脏活？

（3）领导抓不住细节。例如，品管经理就不知道进料检验员一天到晚干了什么，他还没有仓管员知道得多。因为每次来了物料，仓管员就要通知进料检验员来检验。所以，仓管员反而比进料检验员的领导更清楚其工作细节。有时细节往往是领导不知道的。细节瞒别人瞒不住，但瞒领导，一瞒一个准。

行政管理的特性决定了传统组织结构的弊病，传统直线组织结构（看下图）的最大问题，是以领导为导向。以领导为导向，就不一定是以顾客为导向。而我们企业，例如工厂，它是以出货为目标的。领导为导向，加上你要考核他，特别是部门的负责人，往往就会以本部门的工作为重点，难免会有本位主义了。这就是为什么管理界一直没有解决部门本位主义问题的主要原因！

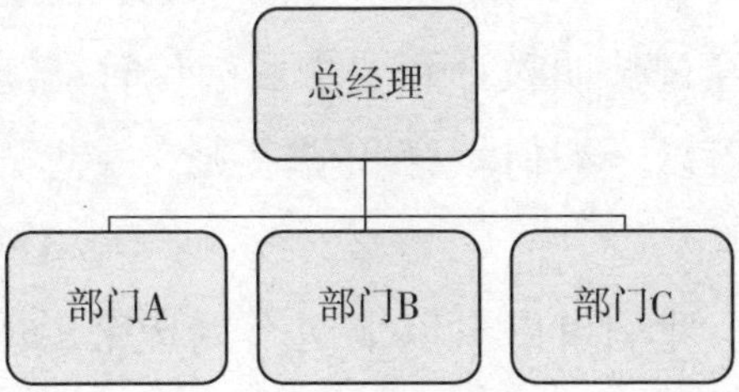

第二节　行政管理和流程管理的特点

行政管理主要以“下对上负责”为特点，流程管理主要以“前对后负责”为特点。详见下表：

序号	行政管理	流程管理
1	上下级关系	流程中前后、左右关系
2	凭身份做管理	凭规定做管理
3	尊重上级（文化）	尊重规则（文化）
4	上司千万不可得罪（潜规则）	规定面前，一视同仁（显规则）
5	一对多，细节失控	一对一，细节受控
6	上管下，顺（人）而不从（事）	员工管员工，人人管事
7	以上司的目标为准	以客户的目标为准

由上表可以看出，行政管理，它强调的管理方向，是垂直的；流程管理，它强调的管理方向，是水平的。行政管理，为什么上司可以管下属？有人说是凭身份做管理，这没有错，但别忘了身份是经长期教育和规范而来的。没有“三纲五常”长期的灌输，也就不会进入每一个人的潜意识。

既然，行政管理，可以经过长期教育和规范由上可以管下，那么，流程管理，就不能经过长期教育和要求后岗位管前岗位吗？

回答是，一样可以。如何教育和要求呢？我想先要定一个规定来教育和要求。

关于流程管理，我们可以举以下两个例子来说明后岗位的工作人员可以管理前岗位的工作人员。

例一：ABE 电器公司2007 年制定的“问责制”

1. 目的

1.1　为了使全公司有效地实施流程、制度等规定作业。

1.2　对违反流程、制度等规定的行为予以追究责任（包括明确责任、落实责任、追究责任）。

1.3　在制约体制下，依托流程、制度等规定形成上、下工序稽核、开乐捐单的“责任链”，弥补岗位说明书或部门职责等常规管理手段的静态属性，有效地规范作业行为，保证责任与工作落实，特制定本制度。

2. 适用范围

适用于公司所有文件规定范围内的作业（包括受控流程、制度、规定、作业指导书、岗位说明书和临时性的重大决定及通知）。

3. 职责

3.1　稽核办；稽核办成员有权根据相关流程、制度对责任人进行乐捐，具体参照“稽核管理办法”及所有流程、制度。

3.2　人力资源部：根据稽核办转交的“稽核乐捐单”发出乐捐通告，有权对乐捐通告的真实性提出建议；

3.3　财务部：根据“稽核乐捐单”和人力资源部提供的“稽核乐捐汇总表”从当月责任人工资中扣除乐捐，有权对人力资源部和稽核办提供的“稽核乐捐汇总表”的数据准确性进行审核。

4. 定义

4.1　生效乐捐单一级认定：是指经过责任人和直接上司或两级上司签字确认交稽核办经稽核办主任审批后转人力资源部公告的“稽核乐捐单”。

4.1.1　生效乐捐单二级认定：是指责任人拒绝在“稽核乐捐单”签字的则必须经过责任人两级直接上司签名后，交稽核办经稽核办主任审批后，转人力资源部公告的“稽核乐捐单”。

4.1.2 生效乐捐单最终认定：是指责任人和其两级上司都拒绝在“稽核乐捐单”签字的则交稽核办，经稽核办例会讨论表决后，稽核办主任审批转人力资源部公告的“稽核乐捐单”。

4.2 上、下工序：是指全公司协作部门之间或部门内部有协作关系的上、下工序，不仅指生产制造部门的上、下工序。

5. 作业规范

5.1 开乐捐单。

5.1.1 各岗位人员都有权力和义务对其上、下工序的工作情况进监督，如发现上、下工序未按流程、制度规定操作的及时向违规人员开出“稽核乐捐单”。

5.1.2 每个工序、每个岗位都有权力和义务向违规操作的上、下工序开“稽核乐捐单”以追究责任，不是仅指行政上级或稽核人员才能追究责任。

5.1.3 如工序操作者发现上工序违规作业而不向责任人开乐捐单，则由其下工序向该工序操作者开乐捐单。

5.1.4 如知道上或下工序不按流程、制度操作，且本工序或岗位也依上或下工序不按规定的方式继续工作，经稽核专员查证后分别对上下两工序人员开出乐捐单，酌情加倍对相关责任人进行乐捐。

5.1.5 稽核办作为全公司的稽核部门，有奖励权和乐捐权。

5.1.5.1 有权对举报违报操作行为的员工进行奖励。

5.1.5.2 有权对未按流程、制度等规定操作者直接开出乐捐单。

5.1.5.3 为了确保乐捐单能真正有效地落到实处，稽核办成员必须不断对每个岗位的制约责任实现情况进行检查。

5.1.5.4 有权对举报违规操作行为的员工进行奖励，具体奖励标准为：按乐捐金额150%奖励举报违规操作行为的员工或对上下工序提出索赔行为的员工。

5.2 乐捐单事实认定、生效。

5.2.1 开乐捐单者发现违规操作的行为，依照相关流程、制度等规定要求被乐捐当事人对事实进行确认，无异议则由被罚人在乐捐单上签字后，转被罚人直接上司确认后，交稽核办经稽核办主任审批转人力资源部公告后乐捐单生效。

5.2.2　如当事人拒绝在“稽核乐捐单”上签字，则由当事人两级直接上司签字转稽核办经稽核办主任审批转人力资源部公告后乐捐单生效。

5.2.3　如当事人两级上司也拒绝签字，则由开单者将此“稽核乐捐单”转交稽核办在稽核办例会讨论表决认定事实后，经稽核办主任审批转人力资源部公告后乐捐单生效。

5.2.3.1　经稽核办调查属实的，稽核办有权对拒绝在“稽核乐捐单”上签字的所有责任人加一倍乐捐。

5.2.4　开单者如不能明确具体责任人，则由开单者将乐捐单交责任部门主管，并要求其在30分钟内答复。

5.2.4.2　如责任部门主管查明具体责任人，则由责任部门主管对具体责任人开“稽核乐捐单”，经具体责任人签字转稽核办经稽核办主任审批转人力资源部公告后乐捐单生效。

5.2.5　如责任部门主管在30分钟内未向开单者回复，开单者则将乐捐单交稽核办，稽核办查明事实后直接乐捐生效。

5.2.6　责任部门或责任人对稽核专员的处理意见有异议时可以书面形式向稽核办主任申诉，稽核办例会以相关制度为原则讨论后表决形成最终决定。

5.2.7　责任条例整理成文，公司现有流程、制度等规定是责任认定的基础，但各部门负责人应通过对责任的追究，将具体案例判定内容纳入管理制度，不断完善企业管理制度，由稽核办负责检查。

5.3　乐捐单公示、归档。

5.3.1　由开单部门将一式三联经责任人和其直接上司签字确认的“稽核乐捐单”在一个工作日内转交稽核办，经稽核办主任审批后在半个工作日内一式二联转人力资源部，同时稽核办在一个半工作日内根据人力资源部“乐捐通告”和存档第一联“稽核乐捐单”建立“稽核乐捐汇总表”存档备查。

5.3.2 人力资源部根据生效乐捐单在一天内发出通告公布，并将生效乐捐单中第二联存档，第三联转被乐捐部门。

5.3.3 生效乐捐单由人力资源部每月进行一次汇总，并于下月5日前将“稽核乐捐汇总表”转稽核办主任审核。

5.3.4 稽核办在一个工作日内将审核后的“稽核乐捐汇总表”转人力资源部。

5.3.5 人力资源部接到经稽核办主任审核签字后的“稽核乐捐汇总表”在次月8日转交财务部。

5.3.6 财务部接到稽核办主任审核签字后的“稽核乐捐汇总表”后对被乐捐人进行扣款。

5.3.7 如财务部审核“稽核乐捐汇总表”数据有异议时在半个工作日内转稽核办重新审核。

5.3.8 财务部将“稽核乐捐汇总表”存档备查。

6. 相关支持文件

公司所有文件（包括受控流程、制度、管理办法、规定、作业指导书、岗位说明书和临时性的重大决定及通知）。

7. 管理办法

7.1 各岗位人员如发现上、下工序违规操作而未向违规人员开“稽核乐捐单”的经查实由稽核办对本岗位人员处以10元/单乐捐，同时承担相关流程、制度规定的乐捐。

7.2 被乐捐当事人拒绝在“稽核乐捐单”上签字的经稽核办调查确认属实的，由稽核办对当事人处以20元/单乐捐。

7.3 责任部门主管未在30分钟内答复的，由稽核办对责任部门主管处以10元/单乐捐。

7.4 开单部门未在一个工作日内将生效乐捐单转交稽核办的，对开单部门责任人处以5元/单乐捐。

7.5 稽核办主任在半个工作日内未将“稽核乐捐单”一式二联转人力资源部，则对稽核办主任处以5元/单乐捐。

7.6 稽核办主任在一个半工作日内未建立“稽核乐捐汇总表”存档备查或档案数据错误，则对稽核办主任处以5元/单乐捐。

7.7 人力资源部未在一天内根据生效乐捐单出通告公布的，则对人力资源部经理或相关责任人处以10元/单乐捐。

7.8 人力资源部未在半个工作日内将生效“稽核乐捐单”传递到被乐捐部门的，则对人力资源部经理或相关责任人处以5元/单乐捐。

7.9 人力资源部未按时在下月第三个工作日内将“稽核乐捐汇总表”转交稽核办的，对人力资源部经理或相关责任人处以10元/天乐捐。

7.10 稽核办未在一个工作日内将审核后的“稽核乐捐汇总表”转财务部的，对稽核办主任或相关责任人处以10元/天乐捐。

7.11 财务部门未根据“稽核乐捐汇总表”对责任人进行扣款或扣错款的，对财务部经理或相关责任人处以10元/单的乐捐。

7.12 财务部未将“稽核乐捐汇总”存档备查的，对财务部经理或相关责任人处以10元/次的乐捐，并责令限期整改。

7.13 对于所有流程、制度都未有规定乐捐依据的由稽核办调查属实经稽核例会讨论表决后对相关责任人处以10元/单乐捐。

7.14 若有特事特办，须经总经理特批后，将文件发至相关部门、稽核办执行。

例二：LHZZ公司2007年制定的“横向控制卡”

YSLHZZ 有限公司				文件编号		LHIN－WI017	
ZZ416 自动挤压造型浇注工序横向控制作业指导书				文件版本		A/0	
				生效日期		2007－06－02	
制定		核准	日期	页　码		第1页共2页	
岗位	操作者	生产主管	技　术	品　质	设备模具	造　型	稽核
职责	1. 负责于产前半小时准备好本工序生产所需的设备、浇包、工具并做确认 2. 按照浇注作业指导书作业 3. 发现技术资料不能指导操作或出错时，负责记录于浇注记录表中 4. 负责在浇注过程中，发现异常时3分钟内上报给车间主管 5. 负责在浇注过程中，发现设备异常影响到生产时进行记录并通知设备管理人员进行排除 6. 负责记录化验责任人不及时次数；负责按时填写"浇注记录表"	1. 负责于产前1小时完成浇注人员的安排、生产任务及该工序作业指导书的下达 2. 负责于产前确认该工序生产所用相关物料、设备、工具的准备情况 3. 负责浇注过程中异常事件的处理，并对事件责任人进行问责 4. 负责统计技术资料不能指导生产或技术资料错误的，并对相关责任人进行问责 5. 负责定期检查浇注员是否按作业指导书要求操作，对违规行为及时纠正并问责 6. 负责对光谱化验结果不及时次数时进行统计并对责任人进行问责 7. 对品管负责人化验结果反馈不及时问责	1. 负责生产前5个工作日提供浇注作业指导书给文控 2. 负责现场跟进指导浇注作业 3. 负责浇注过程中对违背作业指导书作业的，统计违规次数并对责任人进行问责 4. 负责定期检查设备管理人员对设备点检的执行情况，并对违规行为进行纠正与问责 5. 负责解决浇注过程中出现的成分异常 6. 对于品质异常检测数据反馈不及时的行为进行问责	1. 负责于接到报检后10分钟内完成光谱检测并将结果通知操作工，有异常时立即反馈给车间主管、工程师 2. 制程品管负责第一包浇注完毕后20分钟内完成首件外观检验并将检验结果反馈给生产主管 3. 负责对光谱标块及试棒的制作不合格的责任人进行问责 4. 对技术资料错误或不能指导生产的进行统计与问责 5. 按时填写"制程巡检记录表"并上交主管审核	1. 负责产前半小时完成对浇注设备及工具的检查并将结果记录于"设备点检表" 2. 负责在生产过程中该工序设备违章操作的监督、统计与问责 3. 负责设备异常时及时汇报生产主管并及时排除 4. 生产过程中设备异常的及时排除	1. 负责监督浇注者是否将做标记的坏型进行浇注 2. 对于不良砂型进行浇注的行为进行问责	每周不定期稽核各岗位人员是否按要求作业

续表

YSLHZZ 有限公司				文件编号		LHIN－WI017	
权限	1. 产前准备相关源资的获取 2. 对生产过程异常的汇报权 3. 对影响本岗位作业的横向问责权	1. 生产安排执行权 2. 生产过程跟踪问责造型权	工艺执行检查权、问责权	1. 对违背作业标准操作的问责权 2. 品质状况的评估与考核权	对设备日常维护保养、设备使用操作有监督权、评估考核问责权		对所有标准的执行有稽核权
责任追究	1. 对未按职责、权限要求作业的，处以责任人乐捐 5 元/项 2. 稽核办不定期稽核，对不按规定作业的，处以责任人乐捐 10 元/项	1. 对未按职责、权限要求作业的，处以责任人向员工基金乐捐 10 元/项 2. 稽核办不定期稽核，发现有不按规定作业的，处以责任人向员工基金乐捐 20 元				同浇注操作工对应条款问责	未按规定稽核的乐捐 20 元/次
	对本工序有好的建议或有重大改善者可提高产品质量、产量的可获奖金 50～200 元奖金（生产、技术、品质共同判定）						

修改记录	修改日期	修改人	核准	日期

由上面的两个例子，可以看出，后岗位对前岗位有“奖惩权”，还没有“薪资调整权”和“人员异动权”。如果有了“人事权”“财务权”和“业务权”，那么，后岗位就是前岗位“上司”了。

一个企业，如果上司和后岗位的人员对下属和前岗位的人员各占50%的“奖罚权、薪资调整权、人员异动权”，那么，这家企业的流程执行力会不会提高呢？

回答是：不一定。

因为，要提高流程执行力，首先要让员工富起来，其次，是对员工的教育、培训，最后才是激励员工，包括了“奖罚”。

所以，我们不提倡乐捐员工，一方面，是因为法律不允许，另一方面，是因为“乐捐”的前提是员工待遇好，也教育、指导和培训员工到了合适的时间，它的目的，是为了员工养成好习惯。如果能做到不乐捐员工或请员工乐捐，员工就有了好习惯，那么，我们绝对不要乐捐员工。真要激励员工养成好习惯，宁可正面激励员工，往往比负面激励更有效！不管是正激励，还是负激励，100%的公平虽很难做到，但一定要公正。否则，正面的激励，不但没有用，反而起了副作用，这一点，要特别注意！

第三节　流程管理模式和横向组织结构模型的优势

流程管理，既然可以弥补行政管理的不足。那么，怎么来通过横向管理的思想来设计组织结构图呢？大家一起来看下面笔者独创的“横向组织结构模型”。

这个模型的意思是：公司是由多个部门组成的，部门和部门之间只存在横向的流程关系，上一流程的部门是为下一流程的部门服务的。部门是由多个岗位组成的，岗位和岗位之间只存在横向的流程关系，上一流程的岗位是为下一流程的岗位服务的。

每上一流程的岗位是为了满足下一流程的岗位需要才有存在的价

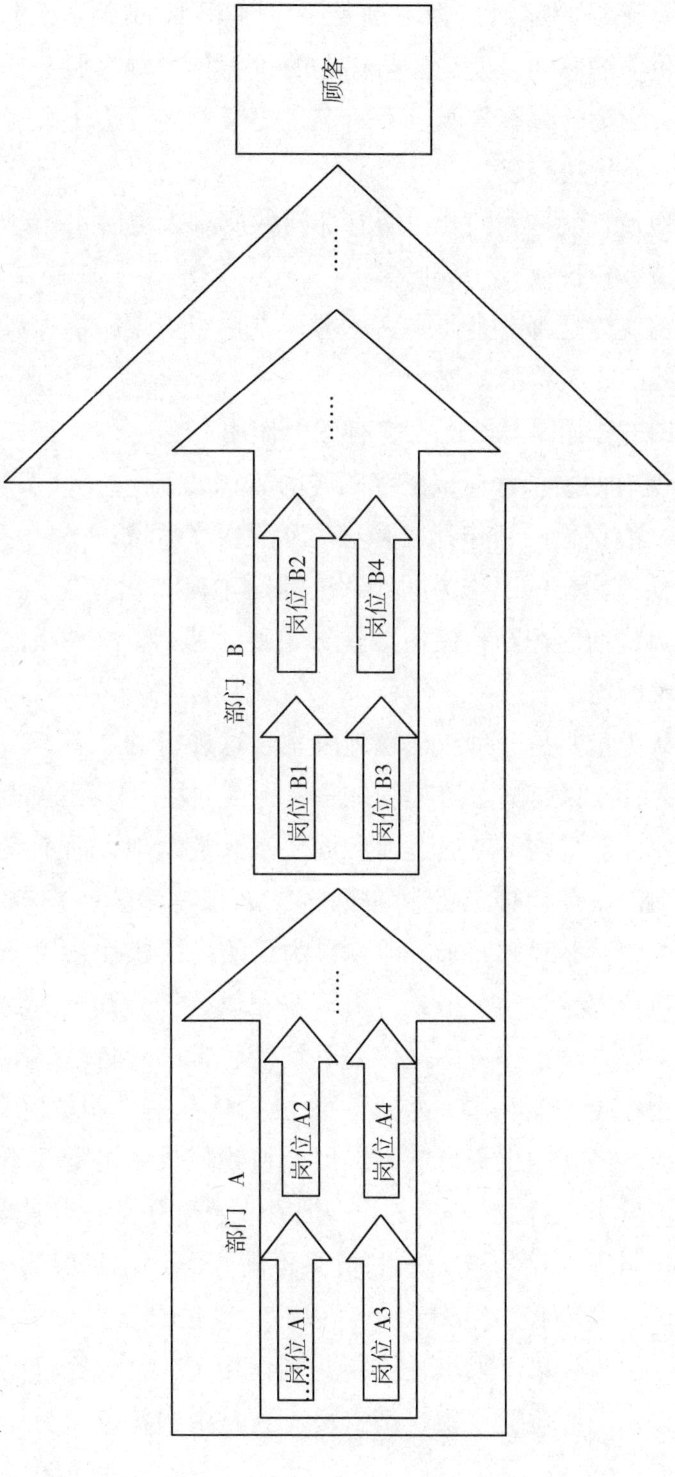

横向组织结构模型

值，每上一流程的部门是为了满足下一流程的部门需要才有存在的价值。部门价值的总和，就是公司存在的价值！为顾客服务，不一定要让顾客舒服，因为让顾客舒服，不一定是为了顾客，为了顾客，就应该是帮助她，为她解决问题！

简要地说，就是我们公司所有部门的所有人员的工作导向是以“同一步调创造客户价值”为导向。

这个图应该是每个企业要去思考、制定组织架构的思维模型。它是对传统直线组织架构的颠覆！

这个图的作用是什么呢？它有三个作用：

（1）所有的岗位都应该围绕顾客的需求去工作；

（2）所有岗位的工作都按客户的紧要次序去做；

（3）所有岗位的工作为顾客解决问题才有价值。

既然“横向组织结构模型”这么重要，那么，这种横向作用是通过什么来实现的呢？

我们认为主要是通过流程管理来实现这种目的，而不仅仅通过领导来实现。为什么说是通过流程管理来实现横向控制作用的呢？

我们要控制采购，就通过前后的关系去控制他，而不仅仅是通过上下关系。前面，是物控员控制采购，怎么控制采购？物控员决定买什么，买多少，什么时候回来，即物料购买的决策权在物控员的手里，物料购买的执行权在采购手里，把决策权和执行权分开了。我不能让权力集于一身，权力集于一身你是控制不住的，自己管自己，很难管好。所以，要靠物控员控制采购。那么，物控员是不是采购员的领导？不是。企业的物控部经理的工资可能高，但企业物控员的工资并不高。我们在这个项目，设了一个物控员，月工资是一千两百元。当时老板不理解，要什么物控员呢？买物料让采购员买不就行了？在我们的一再坚持下，他同意设了一名物控员。但三个月以后，老板自己又设了三个物控员，为什么呢？因为效果出来了，控制起到作用了！后来我们在一个项目这个企业还设了一个位置：物料稽查员。这是中国特色，为什么叫中国特色呢？中国人讲究身份感。物控员不是采购员的领导，所以，采购员心里就不平衡了，就有一些不买物控员的账——你算老几啊？你才一千两百元的工资还想管我？这就是中国特色。中国人讲究你是谁，讲究身份门第。为了适应这一点，我们特设了一个有中国特色的管理岗位，叫物料稽查员。物料稽查员是老板派到物控这条线上负责监督物控员、采购员的一个岗位。用中国的俗话讲，他是钦差大臣。有的钦差大臣职务很低，但谁都不敢得罪他。物料稽查员专门负责协助物控员，把非领导式管理的权威树起来。这里，有个词很重要，叫“非领导式管理”。非领导式就是这个物控员不是采购员的领导，所以，设一个物料稽查员，把物控员的权威树起来，让大家适应这个不是领导也可以管理的模式。其实，这是对人做的事进行管理，而不是直接对人的管理。如果物控员不履行职责，如果采购员不听物控员的，物料稽查员只要知道，立马给老板汇报，采购员就怕。这实际上是拿着尚方宝剑恐吓他，恐吓两个月就可以了，不能一直吓下去。所以，我们离开的时候就把物料稽查员取消了，因为已经把物控员的权威树起来了，已经让大家知道，物控员虽不是领导，但他来管你也是正常的。后面，仓管员又对采购员实行了一次控制。物控员和物料稽查员属于采购员这个位置的前控制，仓管员属于它的后控制。物料回来进仓时，仓管员要拿着有物控员签字的采购单和送货单与实物对照，对得上就收，对不上就不收。这也是对采购行为的控制。

我们在另外一家企业通过搞了这个动作，一个星期就查出采购员三次违规采购行为，要在以前，肯定就进仓库了。为什么？因为那时仓管员不去管事，也无权管事，采购员买回来，仓管员没有权力去管他。我们现在赋予他权力：你给我堵着。如此，情况大为改观。他要是不堵着呢？后面还有人堵他。螳螂捕蝉，黄雀在后。仓库收的物料如果入仓以后不是订单所需求的而形成呆料的话，物控员会检查仓库的，财务也要检查。财务还有一个职能。因为财务是凭入仓单付钱的，如果财务也有一份经物控签字的采购单，那么，财务人员将采购单与入仓单对照，就知道该不该收。所以，仓库也不能作弊，如果采购错了，仓管照收，财务可以拒付，最后把仓管员、采购员一起乐捐。仓库是第三重控制，财务是第四重控制，这叫后控制。对采购员还有一重控制：物料采购回来之后，品管员要检验质量合不合格？合格品是多少？所以，品管员对采购员的行为也是一重控制。仓管员、品管员是不是采购员的领导？都不是。我们在这里搞的控制都是非领导式控制。在企业里面做管理一定要懂得非领导式管理，只懂得领导做管理，企业是没有那么多领导的，要懂得让他们相互制约。还有一重控制：品质合格率、采购及时率最后交给人事部门后，人事部门可以对采购员进行考核，考核也是对采购员的一重控制。所以，品管员检查物料合不合格的那些资料不能丢，用来考核合格率。既可以考核采购员，又可以考核供应商。毫无疑问，这里讲的物控员、稽查员、仓管、财务、人事、品管都不能算采购的领导，但他们对采购员的行为都有控制权，这六重控制都是非领导式的控制。采购员还有一个人管，那就是采购主管或者采购经理。这个人是天经地义管他的。所以，一个采购员受到了七重控制。我们在一个项目就是这样来控制物料的，物料成本立即下降，物料采购及时率立即上升。原来的物料采购及时率是18%，我们去了一个月就上升到70%。物料一到位，车间产能就大幅度提升。所以，千万别把我们工厂的管理问题看得那么难，抓住对人的行为的控制，找到有效的控制方法，就能基本解决。前述是对采购的控制，那么，对仓库、车间的控制也是如此：利用流程前后的关系，将一个岗位置身于一张网中，使得这个岗位中一切自由散漫的习惯和自行其是、随心所欲的行为都被一网打尽。我们这个工厂网状控制图跟传统的组织架构图相比有什么区别呢？第一，它是封闭的，就是任何一个动作发出来收回去是有始有终。传统的组织架构图是散的，到了下面就空了，有人说它像鱼叉。我们这个图则像渔网。那么，是渔网网得鱼多还是鱼叉叉得鱼多呢？当然是渔网网得鱼多。我们企业管理咨询公司的工厂网状控制图，把岗位与岗位之间连起来，形成一个连环，环环相扣，相互控制。第二，整个工厂所有部门在这个图中分成了两大模块：一大模块是以采购、仓库、车间、业务为主体的被控制部门。就是说，解决工厂的生产管理问题，得首先把采购、仓库、车间、业务下单这四个环节牢牢控制住。把这四个环节控制住了，生产管理问题的百分之八十到百分之九十可以解决。另一大模块是计划物控部、品质部、技术部、人事部、财务部，这五大部门属于控制部门。把工厂的部门先分成两大模块，一大模块是实施控制的，一大模块是接受控制的，一定要这样分。意思是，如果你想强化管理，你不要想把所有部门同时强化。因为任何好的想法最终要靠人去落实。所以，一开始要把品质部门、技术部门、人事部门、财务部门特别是计划物控部门的权威树起来，一开始不要拿它们动刀子，否则，没人帮你。如果你一个人面对所有的人，那就完蛋了。很多大企业出来的人到了中小企业后经常犯的错误是，定很多制度，每个部门他都砍上一刀，结果，他死得比谁都快。财务部还可以放到后面，为什么？财务是最难解决的问题，可以放到最后面。首当其冲的是计划物控部，把计划物控成立起来，让它很好地运作起来，然后在品质部、人事部等部门配合下，对采购、仓库、车间、业务下单这四个环节进行牢牢的控制，你的管理问题有百分之八十能得到解决。百分之百不可能，因为还有更复杂的东西。采购、仓库、车间和业务下单问题解决得差不多了，然后再来解决品质部门、技术部门、人事部门的问题。到了第三步，再来解决财务部门的问题、成本的问题。它有一个循序渐进的过程。

既然我们不是靠领导、凭身份在做管理了，那是靠什么？靠流程！ISO 做了那么多流程，我们都按流程做了吗？没有！所以，还有一点提醒大家，我们这种管理模式有个核心思想：这种管理不是靠领导了，不是靠身份，而是靠规定。

权力有两个来源。权力的第一个来源是：身份。

他是上级身份，他就有这个权力。父亲相当于上级，他就可以打儿子，那是不需要制度的，潜规则中，父亲是上级，有打儿子的权力。为什么领导式管理不需要制度？因为领导式管理靠身份就行了。所以，领导式管理和制度是矛盾的，领导式管理是不要制度的。你的企业有那么多制度为什么实行不了？就是因为你搞领导式管理。搞领导式管理，又搞制度，那是自欺欺人。

权力的第二个来源是：规定。

解放军军营的门口有块牌子，叫“卫兵神圣不可侵犯”。你是司令员也要把证件拿出来让卫兵检查，司令员和卫兵比，谁的职务大？毫无疑问，司令员的职务大，但卫兵让他拿证件他就得拿，为什么？规定！卫兵的权力是规定赋予的。所以，我们这种非领导式的、流程化的管理模式，需要企业有很多规定、流程、制度等等，这还不是最重要的。最重要的是企业要有一种尊重规定的习惯、文化，这不是一天、两天养得成的。企业到底有没有尊重规定的习惯和文化，是决定这种模式能否运作的关键。要想按这个模式做，我们自己就要愿意受约束。其实，一个企业最不愿意受约束的就是老板。因为企业是他的，他办企业就希望自在，他为什么不打工？他为什么不替别人做？为什么他要自己创办个企业？他就希望自己能自由自在的生活。我们办企业的终极目的是追求自在，这与我们管好企业的必需的手段——受到约束发生了矛盾，我们该怎么办？只能暂时放弃自由的享受。“必须暂时放弃对自由的享受”这句话，对管理者而言也是同样成立的。很多的管理者之所以辛苦读书，跳出“农门”，闯荡市场，历经磨难，不就是希望自己的日子能够风光体面、自在潇洒吗？他们哪里愿意受约束？所以，对于他们，只有靠强有力的控制让他们放弃暂时的自在，让他们明白，这一切是成功者必须付出的代价。一定要知道，管理者的最后敌人就是自己，自己能不能战胜自己？能不能战胜自由散漫的天性？你如果战胜了，企业就好管了；如果没战胜，就永远也管不好。管理没有那么多奇妙的招数，管理就是把不受约束、自由散漫的习惯慢慢改掉，坚持改下去。张瑞敏说过：抓反复，反复抓，一抓到底。我们应该针对自由散漫这个毛病抓反复、反复抓。什么叫抓反复？你抓了以后它要反复的。什么叫反复抓？它反复了以后你又抓，不知疲倦地抓、抓、抓，抓得那个自由散漫的人彻底放弃为止。张瑞敏一句话：一抓到底，事情就解决了。

大家想想，人们为什么怕纵向的领导，而不怕横向的同事呢？答案很简单：因为你不能把他怎么样。而领导就不同了：领导可以奖罚他、调动他、调他的薪水，等等。接着问：员工为什么更在乎领导中的最高领导老板？答案也很简单：因为老板可以中止跟他合作。

话说回来，让员工怕领导，也不是个好事。《道德经》第十七章说：太上，下知有之。其次，亲而誉之。其次，畏之。其次，侮之。大意如下：

最好的国君，治理国家，是实行无为而治。使百姓各顺其性，各安自生，君不扰民，所以老百姓都不知道一国之君是谁。

其次的国君，治理国家，使百姓觉得他和蔼可亲，因为这样的国君治理国家是以德感化百姓，用仁义教育百姓。在其次的国君，是用刑法威吓百姓，所以百姓都恐惧他。最差的国君，是用权术诡计欺骗愚弄百姓，所以百姓都憎恨他。

上面这个解释，是针对领导不同领导水平的写照！

那么，作为管理者，你处于哪个阶层呢？

不同的情况，要用不同的管理方式去管理。管理方式可以不同，但管理的法则不能变！

管理方式可以不同，是什么意思呢？就是说，我们对员工的在职管理，应该大体分为四个阶段：

（1）指导他；

（2）提醒他；

（3）批评他；

（4）激励他。

没有经过第一阶段的“指导他”，就不要说在“提醒他”；没有经历过第二阶段的“提醒他”，就谈不上“批评他”；没有经历过第三阶段的“批评他”，就不能“激励他”。这四个阶段要顺序渐进，不可操之过急。

指导、提醒、批评和激励都是一把双刃剑，要讲求艺术和方法，否则，就会事与愿违和事倍功半。

笔者认为，该批评和该乐捐的，确是要该批评和该乐捐；不该批评和不该乐捐的，你就是不能批评和不能乐捐！

批评的方式，可以是以批评自己或批评他人来达到批评责任人的效果。如果是要直接批评责任人，一定要注意语言的艺术和技巧。但有的时候，要直接批评才合理，你就直接批评。你直接批评后，要让他感觉到你真是在为他好才行。

乐捐的方式，不要只认为是罚钱，罚的方式很多，可以罚站、可以做俯卧撑，可以是罚爬楼梯、可以罚吃苦瓜、可以罚长跑一定的时间，等等，但内容是健康和有用的。笔者不赞成采取像“裸奔”这样低级趣味的乐捐方式。乐捐的方式，最好是让他自己先提出来的“自我承诺的乐捐方式”或其他自愿的方式，只要他提得合理，我们就认同；提得不合理，我们就引导他提致合理为止。

管理的法则，则是指对员工的管理要合理。这一核心原则要把握好。否则，管理是无效的。

第三章　流程推行十步骤

谈到流程的推行，笔者想跟大家说一个概念，是流程执行力。流程执行力，是指流程执行的力度。由于流程推行的每一环节都有可能会影响流程执行的效果或流程执行的力度，因此，研究流程推行的步骤，显得非常有必要。

关于流程的推行步骤，一共有十步，也就是分下面十节来阐述。每一步的每一个环节，都不能缺少，否则，会影响流程运行后的执行力度，即流程执行力。流程推行的步骤，笔者曾设计了一个模型，详见如下的“流程推行模型”图。在流程推行的十步中，最重要的是“如何研讨”和“如何执行”的问题。有关“如何研讨”和“如何执行”的问题，笔者曾专门拟制了一份“文件研讨执行规则”雏形，有待读者朋友们参考、完善之，详见“附录一”。

下面，笔者跟大家一起探讨从了解流程问题到流程正式运行过程中推行流程每一步要做的重点。

第一节　调研报告

我们要在一家企业建立、健全流程，首先应该了解清楚企业的流程现状，它包括：

（1）企业文化是什么？老板有什么性格特点和价值观？老板如何评

流程推行模型

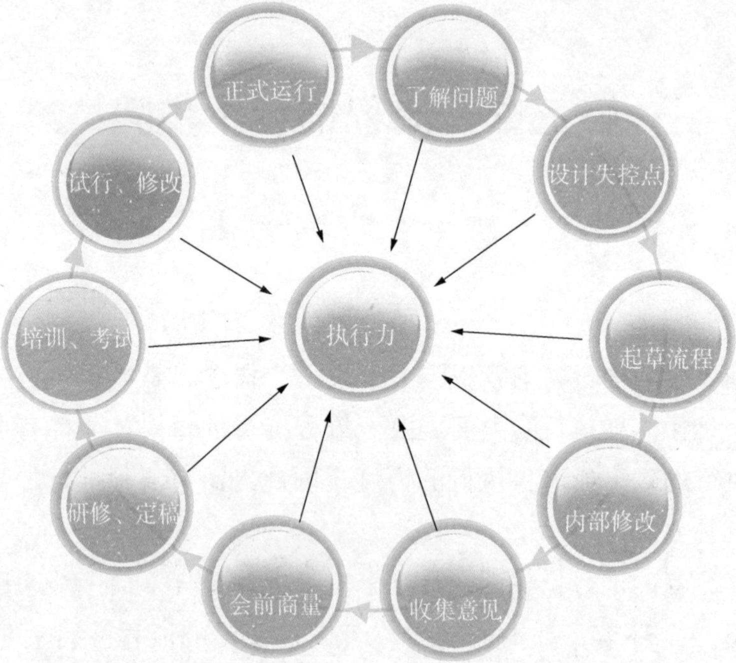

价管理人员和基层员工？企业文化如何？

（2）企业有推行 ERP、绩效考核等工具和体系吗？如果有，推行得如何？

（3）员工对企业的薪酬体系满意吗？员工对管理人员和公司的看法如何？

（4）管理人员对公司的忠诚度如何？管理人员如何看待公司和如何评价员工？

（5）企业最大的问题、主要的问题和核心问题是什么？

（6）哪个部门最弱？老板和管理层一致要急着解决哪个问题？

（7）企业的品质、成本和效率控制得如何？哪一项最差？客户满意吗？客户抱怨最多的是什么？客户最希望企业解决的问题是什么？

（8）目前企业有对应必要的表单、制度和流程吗？

(9) 流程跟制度和表单是什么关系？有没脱节？

(10) 表单如何设计的？设计得有作用吗？运用如何？

(11) 制度如何设计的？设计得有用吗？执行如何？

(12) 制度和流程与总经理和董事会是什么关系？

(13) 领导和部属对待表单、制度和流程是什么态度？他们开会会谈到流程、制度和表单吗？谈得多不多？谈得对否？

(14) 流程推行的步骤如何？执行的效果如何？

有人问，我们设计流程，做流程管理，为什么要了解上面这么多好像跟流程没有关系或关系不大的信息和资料呢？回答是：

第一，流程管理是个系统工程，企业里的每一件事几乎和流程有关，例如，沟通和作业，等等，每一件事，都可以看作是流程，我们不得不这样去思考和看待；

第二，即便没有关系或关系不大，从时间管理的角度讲，这些看似跟流程无关的工作或关系不大的工作会占用流程的设计和管理工作，从时间、空间方面，影响了流程的推行和执行，其实这本身也是需要做流程设计和流程管理的。

因此，我们调研得越全面，越透彻，对我们推行流程管理，是有益而无害的。

所谓调研，就是调查、研究问题。我们在调研时，会采用访谈、书面调研、看现场、看文件、参加会议等方式去了解影响企业流程推行方方面面的问题。其中，通过书面沟通等工具来了解问题，会提高调研效率。部分调研工具详见“附录二”。

通过调研，我们经过评审后，会出一份调研报告。调研报告里会列出流程推行的计划，即“流程变革实施进程表”。见“附录三”。

第二节　设计流程失控点

一家企业，不应在于它的流程、流程图、制度、工作指引、表单等制定和设计得多或有多好看，而应在于它们制定和设计时有没有遵循合理的原则，关键是执行或应用。

例如，很多公司的表格用了一段时间，就没人愿意填了。大家想想，这是什么原因呢？

笔者认为有以下几个原因：

（1）设计表单的人或主管，没有将功能相似或功能相同的表单设计在一起，即没有将两个以上的表单设计在同一表单上，设计得多了，填表单的人觉得浪费时间。

（2）应该要填的表单，填写人员总认为填写表单是浪费时间，不如做点实际工作。

（3）表单要发挥的管控作用没有设计出来，没有帮到使用部门或使用岗位，填得久了，就不想填了。

（4）表单填得好与坏，上司不重视，或不看，或不激励。

（5）不填，也没有对不填表单的岗位进行激励。

从上可以看出，领导作用、专业性、高效率、高质量、低成本和激励性是表单设计的起码原则。

根据“流程变革实施进程表”。制定企业所需要的流程。在设计专门的流程前，我们要了解的是：

（1）制度的失控点有哪些？如何确定关键失控点？

（2）流程的失控点有哪些？如何确定关键失控点？

（3）如何活用 SRR（Standard、restriction、responsibility）三要素？

流程的失控点一般表现为以下三个方面：

（1）没有标准，或标准不明确；

（2）没有检查，或检查不清晰；

（3）没有激励，或激励没有效。

失控点是企业目前需要解决的问题，设定失控点是以满足客户合理的需要为原则。流程控制点的设定一定要满足动作设计三要素，它们分别是：职责标准、专人检查、合理激励。并且缺一不可。否则，设计的动作是没有用的。

案例1：甲公司的开会迟到现象

甲公司每次开管理变革周例会，总会有人迟到几分钟，对此，该如何是好呢？于是甲公司请来了专家做管理变革，来解决管理效益的问题。当然，开会迟到的问题也在解决之中。专家是怎么做的呢？很简单，他们制定了“会议管理制度”，该制度“5.0 管理约定”指出：会议迟到，每次为员工基金乐捐30元。稽核专员每发现一次，就请责任人乐捐30元。执行一个月后，会议迟到的问题得到了很好的解决。“会议管理制度”详见“附录四”。

上述案例中“三要素”是什么呢？

标准（职责标准）：参会人员要准时到会；

检查（专人检查）：稽核员检查谁会违法；

激励（制度条款）：每发现一次，交30元。

案例2：通过下面“来料检验旧流程”和“来料检验新流程”对比，可以看出旧流程有哪几个环节是失控的，新流程是如何增设控制点的：

一、来料检验旧流程：

流程	责任部门	责任人	资料/表单
供应商送货	供应商	送货员	“送货单”
↓			
收货	仓库	收料员	“到货单”
↓			
报检	仓库	仓管员	“来料报检单”
↓			
来料抽样	品管部	IQC 检验员	无

续表

流程	责任部门	责任人	资料/表单
↓			
来料检验	品管部	IQC 检验员	无
↓			
检验判定	品管部	IQC 组长	“来料检验报告”
↓			
检验记录	品管部	IQC 检验员	“来料检验报告”
↓			
入库	仓库	仓管员	“材料入库单”

二、来料检验新流程：

流程	责任部门	责任人	资料/表单
供应商送货	供应商	送货员	“送货单”
↓			
收货	仓库	收料员	“到货单”
↓			
报检	仓库	仓管员	“来料报检单”
↓			
AVL 核对	品管部	IQC 检验员	“合格供应商名录”
↓			
来料抽样	品管部	IQC 检验员	“抽样表”
↓			

续表

流程	责任部门	责任人	资料/表单
来料检验	品管部	IQC 检验员	“来料检验规范” “来料检验报告”
↓			
检验判定	品管部	IQC 组长	“来料检验报告” “不合格评审单”
↓			
MRB 需求	PMC 部	物控员	“不合格评审单”
↓			
MRB 评审	相关部门	相关人员	“不合格评审单”
↓			
检验标识	品管部	IQC 检验员	“物料标签” “来料检验印章”
↓			
检验记录	品管部	IQC 检验员	“来料检验报告” “来料检验日报”
↓			
入库	仓库	仓管员	“材料入库单”
↓			
退回供应商	仓库	仓管员	“退货单”

案例 3：举例说明如何设计开发流程控制点，制定开发流程节点的“开发进度控制卡”。

公司 LOGO	广州市 XYPJ 有限公司		文件编号：CC－10－01－1	版本：A/0
			章节：	页码：1/3
	部门：开发部	撰写人：WZJ	撰写日期：2008－12－05	生效日期：
文件名称：	开发进度控制卡		核准：	

旧流程			新流程		
作业流程	责任人	表单	作业流程	责任人	资料/表单
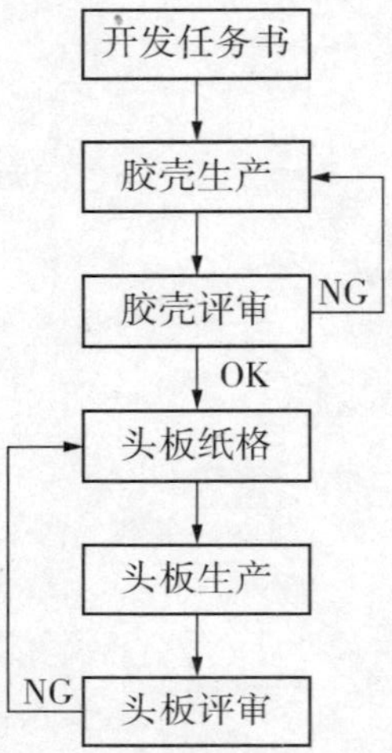	开发部主管	便条	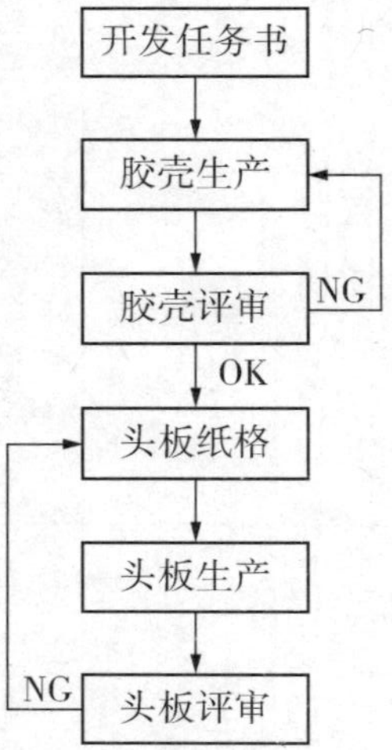	开发部主管	“开发任务书”
	师傅	无		师傅	交接表
	开发部主管	无		开发部主管	“开发任务书”
	师傅	无		师傅	交接表
	生产组长	无		生产组长	交接表
	开发部主管	无		开发部主管	“开发任务书”

<table>
<tr><th>项目</th><th>失控点及描述</th><th>责任人</th><th colspan="2">控制点设计精要</th></tr>
<tr><td rowspan="3">1</td><td rowspan="3">失控点：
开发任务下达没有标准，头板设计及制作进度无人跟进

失控点后果描述：
头板设计及制作进度无人跟进，导致开发不能按期完成，从而无法保证客户满意</td><td rowspan="3">文件编写人员
文控员</td><td>标准</td><td>1. 开发部主管在接到客户要求及公司要求后，制作“开发任务书”并下达给责任师傅
2. 责任师傅在胶壳生产完成后，交开发部主管审核，副总经理审批，总经理核准，必要时，由开发部主管召集相关人员组织评审会，评审结果填写在“开发任务书”评审意见内
3. 责任师傅在头板纸格设计完成后，交生产组进行头板制作，并在“交接单”上签名并注明日期
4. 生产组在生产完成头板后，将头板交师傅，并由师傅在“交接单”上签名并注明日期
5. 责任师傅在收到头板后，交开发部主管审核，副总经理审批，总经理核准，必要时，由开发部主管召集相关人员组织评审会，评审结果填写在“开发任务书”评审意见内</td></tr>
<tr><td>制约</td><td>1. 胶壳经过开发部主管审核，副总经理审批，总经理核准后方可进行头板纸格制作
2. 生产组在接到头板纸格时，生产组长及责任师傅在“交接单”上签名并注明日期
3. 头板生产完成，在交给师傅时，生产组长及责任师傅在“交接单”上签名并注明日期
4. 头板经过开发部主管审核，副总经理审批，总经理核后方可进行后续开发
5. 生产组长将“交接单”在每日上午9：00前交开发部报价员，“开发任务书”在完成后，于一个工作日内由责任师傅交开发部报价员</td></tr>
<tr><td>责任</td><td>1. 未经相关责任人审核、核准，便进行后续开发动作的，处罚10元/次
2. 在进行头纸格及头板样品交接时，未按规定进行记录的，处罚责任人10元/次
3. 其他违反本控制卡要求的，处罚10元/次</td></tr>
<tr><td colspan="5">会签：</td></tr>
</table>

第三节　岗位执行者起草职责三要素

岗位的执行者按照“标准、制约和责任”的要求来合理规范、明确自己的职责。如果不会写字，也要请人代笔。流程起草前要了解的现状有：

（1）公司以前有什么相关的文件。

（2）了解以前文件没有执行的原因。

（3）以前的流程有激励措施吗？激励措施合理有效吗？

（4）如果要起草，是建立？健全？优化？还是重新建立？

如果流程的失控点，以前根本没有规范的，则需建立；

如果流程的失控点，以前只有部分规范的，则需健全；

如果流程的失控点有规范，但执行得不好，则需优化；

如果流程的规范根本没有用，则需重新建立有效机制。

一家企业的流程能否被员工愿意执行，与流程本身的激励是否有效有很大关系。

案例：某咨询公司的“业务提成与奖励管理制度”里的条款“ E.业务谈单”。

在业务谈判跟进过程中，公司指派老师参与项目谈判活动的，公司对成交的项目按参与老师的贡献大小，给予数额不等的一次性奖励。基本标准为：主谈人员 1000 元，辅谈人员 500 元，记录人员 200 元；若表现不好者不予奖励，并且取消以后谈判活动的资格。

针对上述案例，大家想想：

如果规定：公司指派老师参与项目谈判活动，对不去谈单的老师，一律处以乐捐 100 元/次，感觉如何？你会觉得合理吗？回答是否定的。因为谈单不是老师的职责。

如果规定“基本标准为：主谈人员 100 元，辅谈人员 50 元”，又是什么感觉？你会有意愿去谈单吗？我想，如果这样规定，很多人是不愿去谈单的。

所以，激励一定要合理、有效。

第四节　流程主管主导内部研讨、修订

什么是流程主管？流程主管，就是流程的负责人。流程的负责人为了对他的客户负责，必须要把流程的制定和推行主导起来。

各岗位先设计自己的职责，然后交给部门主管评审。评审通过，则完成；不通过，则要重新起草，直到评审到合理为止。主管内部研讨前，对关键岗位先做沟通。以免在会上出现各执己见的情况，导致会议失败。会中，有的职责不要商量，须规定下来，有的职责，需要商量。

主管安排文员或文件操作者把大家在会上达成共识的职责直接修改，以便和当事人确认。不要留在会后修改。以免出现理解偏差或理解错误而造成不必要的误会。如果在会上还有达成不了共识的内容，会后个别沟通，直到达成共识为止。并再次确认修改后的内容无误。

特别提醒，由于企业的老板很少自我批评和在公众场合接受员工的合理意见，很多企业没有形成鼓励或激励公众场合提意见的氛围或机制，久而久之，也就没有打造出公开提意见的文化。

所以，中国人很多时候不喜欢在会上或人多的场合提意见，这是有道理的。因为他怕提了意见会对他以后的工作不利。如果碰到这种情况，笔者建议单独协商为妥。就算单独沟通，也有一套艺术的话术让对方放心地讲真话。做到这一点，需要主导者平时的历练和水平。

部门内部研讨，采用“会议记录表”做不同意见的记录。见“附录五”。

第五节　流程发出、意见收集

经部门内达成共识的流程，由流程主管安排文员或工作人员按时发

出约定的流程，并检查文员或工作人员是否按时发出。流程发到相关部门后，流程主管应检查接收部门是否按时收到。相关部门接收流程时，一定要书面签收文件。

相关部门收到流程后，同样也在部门内研讨、修改该流程，然后由部门主管最终形成部门的意见。再由部门主管按时把意见汇总给流程主管。有关流程意见的收集管理，详见“附录六”。

很多时候，你发出“流程书面意见收集表”，可能会不如你所愿，没有人给你提意见。常见的原因有两种：一是他事多，二是他怕提了书面的意见会对他不利。要想改变这种对流程主管不利的局面，有两种常见的做法可以实施。第一，你一定要奖励提意见的人，哪怕他们提出的意见是不合理的。

第二，一定要惩罚不提意见而事后提意见的人。不然，提与不提，都一个样，反正不提，对他没影响，他就不会重视。不重视，你就很难获得意见。

有关流程意见的收集管理模板，可参考“附录六”的“流程意见收集管理制度”和“流程书面意见收集表”。

第六节　关键部门会前研讨

有时流程难以研讨，跟平时同事的关系好坏有很大关系。关系平时处得好，流程研讨就会顺畅，所以平时搞好平级之间的正常关系很重要！平时如何搞好部门之间的正常关系呢？这里分享以下几个方法，供大家参考。

（1）大家一起共事，不要太计较，同事平时做不来时，帮助他分担一些工作。

（2）多多关照平行部门，同事犯错挨训时，要替他担待一些。

（3）自己部门得到好处时，别忘了同事的帮助或付出，要同大家分享好处。

(4) 部门负责人可把自己看成是平行部门的领导者，好好表现，要得到老板的信任。

会前研讨时，由流程中的关键问题来确定关键部门。确定关键部门后，流程主管提前跟关键部门的主管商定好关键内容。沟通时换位思考，要有同理心。碰到困难，特别是两难时，要兼顾、合理就好！对没法或没有达成的共识，可提前请上司协调，或到时在研讨会上请上司定夺，直到把问题解决。

特别提醒：中国人好商量，不好讨论，更不好沟通。笔者发现，有时，我们中国人之间沟通，很容易争吵！因为商量是尊重对方，中国人喜欢被人尊重！商量，更多的，是注意说话的语气，而讨论或沟通，更多的，是关注说话的内容。当然，笔者不是说说话的内容不重要，内容也很重要！一个会讨论问题或会沟通问题的人，哪怕跟对方有不同意见或要否定对方，他（她）永远会换一个角度发表不同意见或用肯定的方式去否定对方，他（她）说的话永远能让对方听得进去！只要对方听不进去，你讲得再多，都没有用！这点，请特别注意！

会前如果没有和关键部门先商量，突然在会上讨论，就可能很难达成共识。会上不方便协商的，尽量在会后协商。

关键部门会前研讨，可采用“会议记录表”做不同意见的记录。见“附录五”。

第七节　召开研讨会

流程主导部门和关键部门达成共识后，由流程主管在研讨会前安排人员发出会前通知，并确认通知发出的时间和内容是否正确。参加会议的人员一定要有执行人员参加。参会人员在会前就应该带好意见参加会议。由于会前已经把大部分的问题已达成共识，所以会上最好只做小的修改。

但很多时候因为没有会前商量或研讨，造成很长时间的讨论或争执。例如：

有一次，ABE 电器公司研讨“进料检验流程”时，发生了以下一个问题：

生产主管抱怨：“你们 IQC 检验产品能不能快一些呢？有时，很急着要的物料，你们能不能不用检，直接投放给我生产线？”

IQC 主管开腔了：“你们生产部说得轻巧，我们不检，出了问题，谁负责？你们生产负责？要怪，不能怪我们，要怪就怪供应商来料迟了！”

生产副总问采购主管：“供应商是什么原因迟迟送货到我司？”

采购主管回答：“PMC 延误编排了 PCBA 的“物料需求计划”给采购部。”

PMC 主管反驳道：“不可能，我们提前了 7 天就下“请购单”给你们了，你们可能下单延误给了供应商，才造成物料延误了 7 天！”

于是，PMC 和采购你一言，我一语，吵了起来，副总按捺不住，当场做了指示：“督查专员，请你散会后查查这个情况，按“督查管理制度”，该怎样处理，就怎样处理！这个物料紧急上线的问题，要做一个案例分析会。我要追究责任，包括我在内。我们今天开会，还是针对紧急的物料，讨论如何放行，讨论应该经过怎样的处理再投放生产线。其他与会议无关的，先放在一边。”

督查专员回应道：“好啊！”

经过讨论，针对物料特急，来不及检验，按以下的特急放行规定进行处理：

（1）因生产急需，IQC 检验员来不及检验而须要放行时，由 PMC 负责人填写“物料特急放行申请单”，经品质部经理批准后执行特急放行，批准后的“物料特急放行申请单”由 PMC 复印并分发至库管部、品质、采购等部门，自留一份存底。

（2）IQC 检验员按抽样检验计划留取规定数量样品，并在批准特急放行的物料上做好蓝色的“特急放行”标识。

（3）IQC 检验员对留取样品进行正常检查，如发现不合格时，品质部经理在“进料检验报告”上做出处理意见，IPQC 必须对该批特急放行的物料进行跟踪处理，对制成半成品或成品的，要由 FQC 进行全程监控，并分别在“半成品巡检报告”或“成品检验报告”上注明所使用物料的品质状况，以便追溯。

（4）IQC 检验员出具的“进料检验报告”右上角应加盖“特急放行”章。

从上可以的讨论可以看出，整个会议必须要请能拍板的人参加会议，才好决定。有任何合理意见要修改的，就应该立即在会上修改，以便与会人员核实。核实无误后，就形成定稿。会后修改，由于没有确认，就会修改得违背原意，不便执行。

流程的研讨要有前瞻性，不要朝令夕改，丧失权威。研讨时，我们强调“合理性大于权威性”。对不能达成的共识，坚持“低标准、严要求”。如果“低标准、严要求”还不能达成共识，就可以缓缓，看能否择时再定。跨部门研讨，采用“会议记录表”做不同意见的记录。见“附录五”。

第八节　研讨共识定稿

对确实有必要的关键控制点还不能达成共识的，还要研讨，直到达成共识为止。无关紧要的，定和不定，都无所谓。

如果因研讨有不同意见而产生的冲突，只要是良性的，我们应该理解和允许！一般不能接受本位主义。如果本位主义合理，可以接收。

只要是必须要确定的内容，无论研讨多长时间，最终必须达成共识，以便定稿。

可是，流程推行十步骤中，最难让流程顺利推行的原因，是每一个研讨环节。每一个研讨环节，是最能考验岗位的沟通能力、专业度和企业的管理基础。具体来说，就是考验参与人员是否懂中国的沟通哲学，是否会中国式地沟通。其次，更是考察大家是否都是凭感觉制定某个岗位的工作完成时间。也是检验此时的企业是否缺乏科学管理基础。

正如笔者前面举例说的 IQC 对 PCBA 的检验时间，以科学管理基础差为例来说：

由于当时大家心里都没底，研讨时，大家为了这个检验时间却争执不休。你说，这个时间到底定多少，才会让人心服口服和合理？当然是按实际测定出的物料“标准检验时间”，结合 IQC 检验员找的标准资料时间、搬运时间、开箱时间、封箱时间、报告异常的时间、处理异常的时间、宽裕时间等数据算出“平均检验标准时间”作为流程中的规定时间或“物料全检、抽检时间一览表”中的规定时间才有说服力。

如果所有的物料都有“平均检验标准时间”，按“平均检验标准时间”去检验物料，那么，我们就可以晓得检验员到底够不够，就会减少检验员和检验负责人的矛盾。如果人手不够，招人也就有了依据。

所以，笔者感慨，中国的中小企业，特别是民营企业，它们很缺乏科学管理基础，太缺乏基础管理。很多工作就是因为缺乏科学管理基础和基础管理，造成企业老做不好，老没执行力。笔者强烈建议，我们真的应该回到泰勒时代好好向科学管理之父泰勒学习科学管理。

定稿后，权威性大于合理性。上至董事长，下到基层员工，都必须遵守。所谓，“制度大于总经理，流程大于董事长”说的就是这个意思。跨部门研讨，须采用“会议记录表”做不同意见的记录。见“附录五”。

第九节　定稿确认、发行、颁布、培训、考试

定稿后的电子档，由流程主管部门将它发出给相关部门主管确认。确认无误，相关部门主管审核会签；确认有误，或有异议，重新修改至无误，再给相关主管审核签字。最后由流程主管在“拟制”栏签字，上司“审核”，流程审批权限人“审批”或“批准”（生效）、发行、颁布。

一个企业的文件封面、封页可以参考笔者提供的“附录七”流程封面和封页。

颁布后的培训工作有两种方式：

（1）由流程主管召集流程中涉及的所有岗位进行培训；

（2）由各部门主管召集流程中涉及的本部门岗位进行培训。

培训后，把培训记录交给专门人员（有的公司专设稽核人员）进行检查，以检查符合性。

为了了解培训的效果，由主考官对流程规范的所有岗位考试。

发行、颁布的时间和试运行的时间之间一定要给予充足的培训时间和考试时间。这一点尤为重要。否则，流程所涉岗位，没有学习，也不了解，你就开始试运行，会对后面的运行有不利的影响。

有关培训和考试的管理，详见“附录七”“文件培训考试及试运行作业控制卡”“文件试运行检查表”和“文件培训考试及试运行作业控制卡试卷”。

详见“附录七”。

第十节　试行、检查、修改、正式运行

根据不同文件，试行时间不同。有的文件，执行内容多或难度大，试行的时间可定得长一些。如三个月。有的文件内容少或难度小，试行的时间可定得短一些。如一个月。

谈到试行的时间，笔者不得不强烈建议：企业一定要做一些基础工作。如，作业标准工时、检验标准工时的制定，需要科学测定。所有人员，特别是间接人员做每一件工作（特别是常务工作）的标准时间，都应科学测量和制定出来。但很可惜，很多企业不重视这些基础工作，总觉得麻烦、没有用。但他们不晓得，企业的很多问题，就是出在基础工作没做好和基础管理没做好上面。不信，笔者建议这类企业总结一下所有发生问题的案例，看看有多少比例是因为基础工作没做好造成的。

正如，建房子，一楼没建好，就想建好二楼。地基没建好，迟早会被风雨摧倒。

关于试行的时间，怎么定，我们应该实事求实地采用科学方法实际测量、制定出来。

例如，一份作业流程中，有 5 项工作习惯要养成，假如，我们测出一般人养成这些习惯需要 100 天，那么，我们规定的试行期，就是 100 天。而不是凭经验或感觉制定试行期。所以，科学家说的，一个习惯的养成，需要 21 天，这不一定符合所有人和所有的习惯。我们一定要做一个实践者或实证者。笔者主张要向科学管理之父泰勒学习科学管理的精神。不然，就不会出现伽利略推翻亚里士多德的错误结论了：物体越重，自由落体得越快。

试行期间，要安排专人依据“文件试运行检查表”（见“附录七”）检查流程的符合性和有效性。如果符合性不对，或有效性不足，就再研讨、修改，以适应新的合理要求。

正式运行期间，严格按条款执行。任何人违反，包括老板在内，都应按条款处理。但对于例外的事情，就要另外处理。

每隔半年或一年，所有文件都要审视是否要修改。有必要，就修改；没必要，不修改；

根据实际需要，可适当时修改，再运行。不要以为流程正式运行了，就不需要再优化，我们永远要做的一件事，就是维持和改进流程，以便适应公司的发展。

流程的推行，遵循 PDCA 的运行思路。

第四章 流程执行不力的常见六大原因、对策

流程执行不畅的原因直接会影响流程的执行力度，即流程执行力，所以，分析流程执行不畅的原因是为了寻求对策，提高流程执行力。下面，笔者凭借20多年的工作经验，总结出每一个环节常常会碰到的问题，然后进行原因分析和改善对策分享给读者朋友们。

第一节 岗位职责沟通的问题、原因和对策

上司和下属商定岗位职责，是为了流程的起草。若不能圆满地沟通好下属的岗位职责条款，如何起草流程的内容？岗位职责沟通的常见问题、原因和对策，详见下表：

序号	问题	原因	对策
1	流程起草前，先要确定下属的岗位职责。但在定位下属的岗位职责时，上司问下属对自己的岗位职责有什么意见时，下属却没有提出想法	下属想提出来，但心里没底，又怕是不合理的，被上司批评	上司不要在没有指导下属的前提下，就批评下属
2		下属觉得是合理的，但提出来后，怕遭上司拒绝	上司确定下属岗位职责前，应先了解实际情况和下属的想法。下属对自己的职责，提得合理，就采纳；提得不合理，恰当引导，不要没有引导，就替他做主

有关沟通的问题，除了我们要学习如何沟通外，企业风气和领导的风格、习惯等，特别是老板不良的沟通方式、方法，会造成沟通障碍外，制度也会影响我们的沟通效果。等等。

所以，读者朋友们如果想从制度层面规范沟通，不妨参考笔者曾经在一家企业做制定的“附录八”模板“内部沟通管理制度”和“非受控文件发放、接受记录表”。

第二节　起草的问题、原因和对策

流程的起草，是为了流程的研讨。流程的内容一定要有前瞻性、激励性和流程执行力度的考核。如果缺乏前瞻性、激励性和流程执行力度的考核，该怎么分析和对策呢？

序号	问　题	原　因	对　策
1	流程朝令夕改	起草的流程没有前瞻性	流程的起草要考虑到一年以上的有效期
2	做事，该积极主动时，却消极被动	流程欠缺合理激励的效果	每一个动作，执行者没做完工作，要合理约束；对一定期间内做得好的执行者，要予以奖励
3	流程执行的程度不能量化	认为流程执行的程度不能量化	定义“支职责执行率”和“条职责执行率”的含义、计算公式，适当时，进行考核

大家晓得，品质文员的岗位职责至少有以下几条：

（1）归档、保管品质报表；

（2）统计日报为周报、月报；

（3）文件接收、文件分发、文件打印、文件复印；

（4）品管办公室5S的监督、维护；

（5）办公用品的申报；

（6）完成主管交代的工作。

我们把上面六条职责，叫“条职责”。

以第三条职责为例，“文件分发”，属于文员的“分职责”。“分职责”又是由很多的“支职责”构成的。例如，文件分发，她不仅仅要分发“进料检验报告”，还要分发其他的很多资料。

反过来说，“支职责”构成每一个“分职责”。“分职责”构成每一个“条职责”。“条职责”，就构成了“岗位职责”。

什么是“分职责”呢？“分职责”，其实就是每一个岗位具体要做的动作。

举例说明：第一章第一节“进料检验控制流程”5.5.4 中有“品质部文员将“进料检验报告”分发相关部门”这句话，就是文员这个岗位的“支职责”。如果没有执行这个“支职责”，就要乐捐。整个“条职责”，也叫“职责条款”。品质文员的“六条职责”，就叫“六条职责条款”。

“支职责”和“条职责”的计算公式分别为：

支职责执行率 = 实际执行的支职责/应该执行的支职责 ×100%；

条职责执行率 = 实际执行的条职责/应该执行的条职责 ×100%。

企业应对“支职责执行率”“条职责执行率”的高低，予以量化考核和合理激励。

第三节　研讨的问题、原因和对策

流程的研讨，是为了修改、定稿、培训和考试。流程的研讨，一定要懂得尊重参与研讨的人。不管参与的人，提出的意见合理、不合理，每一个参与研讨会议的人，说话要注意其他参与人员的感受。

研讨，难免会有争执。就算是吵架，只要是良性的冲突，是可以的。但请记住，研讨一定要畅所欲言地提出合理意见或建议，研讨条款，遵守“低标准”原则，以便共识。

实际上，研讨会存在很多问题。到底有哪些问题呢？如何对策？请看下表分析和对策：

序号	问　　题	原　　因	对　　策
1	争论时间长，无结果。	研讨前，没有尊重关键部门负责人的意见就替关键部门负责人做主。也不了解关键部门的实际情况； 研讨时，不善于理解对方，也不会表达不同意见	人和人是交互的关系，你不尊重别人、理解别人和关注别人的感受，别人就不会尊重你、理解你和关注你的感受，所以，要将心比心。另外，要注意处好平时的关系，这很重要
2	不提意见	研讨时，觉得提了意见没有用； 不想得罪人	被提意见的人，要尊重提意见人的不同意见，大家越是难以沟通，越要沟通；提意见的人，只要是合理的，哪怕是表达的时机不妥或措辞不当，也要把它说出来。 被提意见的人，要扩大胸怀，不能因为不舒服，而不接受合理的意见
3	被提意见的人，沟通不善，伤及了提意见人的自尊	研讨时，提意见的人提出了不合理的意见	提意见的人一定要客观或基于事实、数据的基础上提出自己恰到好处的意见 即便提意见的人提得不合理，被提意见的人，也要注意沟通的合理性！不能因为别人做得不当，自己就可以做得不当
4	不采纳合理的意见。	意见虽合理，但让人不舒服 意见虽合理，但感觉不合理	哪怕是不舒服的意见，只要能帮到自己，就要接受 不能凭感觉来判定不合理，感觉有时不可靠，要基于事实、数据判定合理性
5	低标准的共识没达成，就放弃了	可能是沟通障碍造成没法沟通 觉得不重要，要不要，无所谓	沟通能力的提升，一方面需要提升道德修养，建议大家多看看《道德经》和《论语》，另一方面，要学习专门的沟通技巧；所谓的“低标准”，就是很重要且合理的标准，一定要沟通达成共识。坚持的前提是这一点从客观上讲确实能做到，才需要据理力争，直至达成共识

第四节　培训、考试的问题、原因和对策

培训、考试的目的，是为了试运行。培训要注意选择好培训的时间、地点和培训的方法。

考试的题目，建议80%以上（含）为客观题。培训、考试，建议做出“培训、考试管理办法”予以执行。

培训、考试中出现的问题、原因和对策，详见下表：

序号	问　　题	原　　因	对　　策
1	执行者不了解	没有给执行者培训	研讨后的流程，要培训，特别是对修改过的部分。培训后，要让受训者签字，以免培训后不承认。这是重点
2	执行者不熟悉	给执行者培训，但给的学习期不够；给执行者培训，给的学习期够，但没时间学习	根据不同的文件，确定不同的学习期，给予执行者充分的学习时间；提前规划确定好每一个执行者的学习日期，派专人去检查执行者有没有按日期的时间学习，对没按日期学习的人予以追究责任
3	执行者没掌握	培训了之后，没有考试检查培训的效果	考试量化执行者掌握的程度，对于没有通过考试的执行者，要给予机会和激励

第五节　试行的问题、原因和对策

试行的目的是为了检验可行性，修改成合理，再正式运行。试行的重点是要检查流程运行中的问题，最好是安排专职独立人员（该岗位直接对老板负责）进行检查。流程主管和领导检查流程的运行问题，可能

会站在自己的立场上回避只对自己有利的问题。

关于试行问题，详见如下原因和对策：

序号	问　题	原　因	对　策
1	没有试运行，就正式实行	认为流程没问题，不需要试行	采用试运行的办法来检查流程中标准或职责实施的合理性
2	虽然给了一定的试行期，但 80% 的人做不到，就实行	一方面，可能是给的试行期不够，另一方面，可能是执行者的认知不够、不想执行，或能力不够	不同的文件，给的试行期不能一样；教育、激励和培训执行者
3	给了试行期，80% 的能做到，剩下 20% 的人中，有人受罚或乐捐，会闹情绪	乐捐或乐捐超过执行者承受范围	乐捐不能超过法律规定的金额（例如，法律曾经规定乐捐员工，不能超过员工工资的 20%）。新的法律规定不能乐捐员工，企业就不能违法操作。企业一定要守法
4	没有专人检查试行效果	认为流程主管或流程执行者会反映试行的效果；专职人员没有，或不够用，或有情绪，再或者不称职	老板亲自督促专职人员检查试行效果 企业配置正确、足够的专查人员进行文件的检查；激励、培养专查人员，实在激励、培养不行的，重新选人激励、培养
5	专人检查出了试行效果，但没有修改不合理的条款	没有时间去修改 有时间修改，但因流程主管或负责人觉得修改、不修改，都无所谓	培训和学习时间管理技巧，做好时间管理。永远先做重要而不紧急的事情；对负责主导修改流程的主管或负责人，予以追究责任

试运行后，发现有问题，一定要修改。没有修改，就等于仍然存在着不合理的条款。存在着不合理的条款，就有可能还会被执行。如果被执行，就不会让人心服。人心不服，一定会影响执行效果。

第六节　正式运行的问题、原因和对策

正式运行，是为了发挥流程的价值。流程的价值主要在于高质量、高效率和低成本。违背这一价值准则，就失去了流程的作用。流程虽然正式运行了，是不是就没有问题呢？当然不是。下面就是流程正式运行问题的归纳、分析和对策：

序号	问　题	原　因	对　策
1	专人有去检查执行效果，但不按规定执行	专查人员徇私舞弊；怕得罪有身份的人；怕得罪跟有身份的人有关的人	教育专查人员公正身份的重要性，对教育不改者，予以更换；老板要以身作则执行流程，领衔支持专查人员一视同仁执法，必要时，杀一儆百，或大义灭亲
2	专人按规定执行问责，但执行者不服	执行者违反的，不是流程中规定的职责	专查人员应带头正确理解流程职责，对流程例外的情形，不能追究执行者的责任
3	专人按规定执行问责，执行者觉得新条款是例行的，也合理，但觉得委屈	对修改过的条款，没有对执行者培训、考试，没有让执行者掌握，并养成习惯	对执行者培训、考试新的条款，至执行者养成习惯后再问责
4	没有定期或不定期检讨、修改流程至合理	认为外部客户或企业内部只是增加了一点岗位工作内容，就不需要变化什么	岗位，特别是间接岗位完成一项工作的时间，一定要专人，如 IE 或 QE 等实际测定，定出标准后，才可以评估流程是否需要修改。对有过时的地方，要与时俱进，加以修改，发挥流程作用，才合理

笔者特此强调，对于流程中例外的情况，专检人员不可以按规定执行。否则，就是不合理地执法。因为规定都是针对例行的，这点特别重

要。但不是不按规定执行。流程执行的目的是为了让执行者养成习惯，而不是为了乐捐员工。只有执行者都养成了好的习惯，流程的推行，才有意义。

第五章　提高流程执行力的六大重点

影响执行力的因素很多，但如何提升执行力，以下六个方面对提高流程执行力起了至关重要的作用，笔者单独把它们罗列出来，是为了强调它们的重要性。

第一节　流程推行一定要遵循“流程推行十步骤”

流程推行一定要遵循“流程推行十步骤”，不能少一步，也不能错一步。我们按照“调研问题、设计失控点、岗位执行者起草职责三要素、流程主管主导内部研讨、修订、文件发出、意见收集、关键部门会前研讨、召开研讨会、研讨共识定稿、定稿确认、发行、颁布、培训、考试、试行、修改、正式运行”这些个步骤去走，就表示你推流程的程序是合理的。

在流程推行过程中碰到的任何一个问题，我们都要一一分析执行不畅的原因，然后找出对策，一一解决或化解。

流程的推行过程，也遵循 PDCA，即：流程的目标（支职责）、流程的实行、流程的检查和流程的改进，是流程管理的 PDCA。

第二节　流程的内容一定要使员工产生动力

这里所说的流程已经包括了制度、工作指引和表单了。

ISO 9000 为什么执行不了，不是 ISO 9000 不好，而是它不适合中国的企业管理哲学。

ISO 9000 好比是一颗好树，但如果没有给它好的土壤，它是活不了的。

因为在美国、德国这些国家，她们的员工会按 ISO 9000 去执行；而在中国，我们的员工不一定会按 ISO 9000 去执行。我们的员工不按 ISO 9000 去执行，管理者或公司没有把他（她）怎么样，对他（她）是有利的，久而久之，ISO 9000 就会流于形式。

为了使 ISO 9000 执行下去，我们必须改变策略，员工才会去执行。

怎么改变呢？很简单，流程职责条款是合理的，你不执行条款，我就乐捐你；你执行了条款，我就按周期排名次奖励你。

特别强调，流程的职责条款激励或考核之前，至少要满足以下几个条件：

（1）流程职责条款一定是合理的；

（2）员工熟悉了流程职责条款；

（3）员工有能力做这些流程职责条款；

（4）大部分员工都养成了遵守流程职责条款的习惯。

这几点非常重要，缺一不可。否则，流程职责条款的执行，如果仅仅采用激励或考核就能管用，那么，管理也就太简单了。

所以，我们的流程里必须包含着激励或考核的因素在里面，才会使员工行动起来。

我们要想让员工去执行流程的职责条款，这就要求我们确定的职责条款，对他是有利的。对他有利，他就会去执行；对他不利，他们就不愿意做。就这么简单。所以，流程里的“三要素”一定要合理、有效！

第三节　公司最高领导一定要执行流程规定的职责

公司在任何时候都要强调和执行流程所规定的职责，任何人违反了，都要一视同仁地处理。这是流程产生执行力的最重要一点！谁是流程的破坏者，谁就要得到流程的惩罚！所谓：制度大于总经理，流程大于董事长！规定大于领导！

《论语》讲：身正，不令而从。说的就是这方面的意思。

为了说明“身正”的重要性，下面举例讲述一个民营企业老板参会迟到的故事。

我们项目组老师在做项目的过程中，经常会主导企业开一些会议，如管理变革周例会，每日生产协调会，周品质例会，流程、制度研讨会。但在开会前，我们发现很多项目有一个通病，那就是：老板经常迟到、老板经常插言、老板经常一言堂讲很久、老板讲话经常偏题。而这些问题，我们老师在“会议管理制度”和“某某会议议程”里都有明确的规定。规定了“不准迟到、在哪一个环节发言、发言的时间和谈论的主题”。

有一次我们做项目，到了召开管理变革周例会的时间，老板是主持人，但老板迟到了，因为大家晓得，平时没人敢说老板迟到，也没人敢罚老板的款，只有热老师敢说敢做。

当时，我作为项目组长，我就照顾面子地说了：“李总迟到了，我建议大家给李总一个热烈的掌声，以感谢他对员工活动基金的乐捐。”李总的脸唰的一下子红了，立即掏出了100元放到我们预先设置好的“乐捐”箱里。

李总迟到一次，按规定，10分钟之内，只需要交款20元，他却乐捐了100元，其实是多交了钱的。但从这个细节，可看出老板与员工的差距。老板毕竟还是有高度的。

从此之后，李总再也没有迟到了。他做到了以身作则，所谓的“身正”了。员工看到老板这样遵守制度，谁也不敢违反制度的条款。这就是所说的：身正，不令而从。

众所周知，全世界优秀的企业，很多企业的老板或企业家对流程（含制度）的执行，已经做出了很好的示范，值得没做到的老板或企业家学习。

第四节　要有专门的主导机构去推动流程的执行

因为我们的国家，一直是农耕的文化，人民都有地主的思想，管理模式是垂直的，是靠身份做管理。现在要想实现流程管理，管理模式是水平的，一定要强化横向管控的作用，要靠规定做管理。在这个过程中，很多人是认人不服规定的。特别是你要平行同事去管平行同事，是行不通的！为什么呢？回答是：你不能把他怎么样！而垂直的行政管理为什么有用呢？回答是：你能把他怎么样。例如，你可乐捐他；你可给他加薪；你也可以调他的岗。等等。所以，他会怕你三分。

因此，我们要设专门的机构直接对老板负责，如稽核办，像中纪委、国家监察部和中央的巡视组一样，去推动和稽核流程的落地情况。这样，流程才会被执行得好一些。

流程（包括制度）的落地，主要是靠稽核去推动，那么，方案的执行，也是一个道理。

我们在做精益管理项目的时候，发挥计划物控职能时，常会应用到“生管六大组合拳”。“生管六大组合拳”包括了日计划、备料制、生产协调会、稽核、考核、攻关六个方面。其中，稽核起了相当重要的作用！

例如，我们曾经做过一个项目攻关某个产品“外观腐蚀不均”的问题。

针对这个外观不良，我们首先做了一个方案。

现在所要阐述的不是这个方案怎么做的，而是如何确保我们下面的人是按照这个方案在执行的。我们在这个的时候，当时的稽核组在中间起到一个什么样的作用，是如何来有效的控制下面的部门严格按照这个方案来进行。

方案里，每一个动作应该怎么样来执行，什么时候执行，在这里有了一个明确的规定。当时的腐蚀不均不良比率是18%，完成攻关以后降低到4%，第一个月结束以后对效果进行验收。好，为了达成这个目标，我们生产部还规定一个具体的操作动作来作为对付腐蚀不均的处理办法，这就是生产二部的部长、副总工程师和下面的班长以及骨干员工大家一起讨论，就是说为了解决这个腐蚀不均，我们要做哪些具体的动作。大家可以看，从工艺的调整、设备监控到喷淋管应该怎么做、刮水棒应该怎么做，这是它们里面的一些东西，我们稽核对方案里面重点的稽核对象就是它上面写的，对每一个细节我们稽核怎么来控制。

为了确保这个攻关方案有效得到落实，我们把上面的每一个动作纳入了我们的稽核控制卡里面。告诉下面的员工，我们将会按照你们所写的内容进行点对点的稽核，而且是针对有几条主要的线。腐蚀不均不是每条线都有，是几条线特别天天都有，那么我们就会告诉他，我们将检查你下面哪些动作，检查你做得好不好？对不对？这是你们自己写的，执行要求就是处理办法里面的东西。

我们每天都去检查，下面我们有一个班长是稽核的负责人，我们每天上午10点钟，下午4点钟左右，每天严格地按照上面规定的东西，每天两次，一直进行了整整一个月。整个腐蚀不均攻关下来以后，腐蚀不均降到了0.4%。

我们就是按照这个上面的东西每天每时每刻按照这个东西去检查，而且把它们检查的结果记录在稽核日志上面的，发现了问题及时地把稽核日志给到生产部的相关人员（助理、主管、副总工程师），让他能够知道我们在稽核过程中发现了什么问题，哪里的问题没有做到位。所以，在后续的过程中就算我们不去检查，他们每天上面的动作也养成了习惯。

我们认为攻关稽核的重点是攻关动作和动作的落实情况，你不断地检查他、监督他，那么，他做的动作就会慢慢地养成一种习惯。

用稽核卡将稽核的动作标准化 。

我们一直要求其他部门动作要标准化，我希望稽核也要通过稽核控制卡的这种形式，把我们的每一个动作、我们稽核的动作进行标准化。就是我们要求检查，我们哪些东西是必定要进行检查的，而且我们的检查结果最后要体现在我们的稽核日志上。

其次，由点及面，逐步扩大，重在反复。这就是我们稽核的日计划也好，备料制也好，攻关也好，都是一个一个点，每个点做好了，那么每个面也是做到位的。

稽核到了后面，变成了横向，就变成了相互稽核，让全员都紧张起来，让全体员工在责任的推动下产生负责任的心态，把事情真正落实到位，树立正气。我认为稽核要有非常重要的心态，那就是：公开、公正、公平、帮助。帮助我们的员工、管理人员发现问题，然后协助他们来解决问题。这样的话，我们的稽核工作才能够开展得更有序，更具有控制力。

我们做老师的，相对于企业的管理人员，并不是说我们的招数更高明，我们的知识更丰富。我认为管理的好坏，用一句通俗的话来说就是执行得到不到位，也就是个执行力。

这个道理世人皆知，但是为什么我们有的企业就是做不到呢？执行力从哪里来？我们很多的专家想了很多的方法提升执行力，有很多的理论来提升执行力，但收效不大。

抓执行力，从某种意义上讲，其实就是一个字：“狠”。

我们认为执行力就是狠出来的，一股子狠劲狠出来的。为什么我们提倡这股子狠劲呢？因为我们认为执行力差的原因用一个字来说的话就是“懒”。

执行力为什么不高？一个字就是“懒”，两个字就是“懒散”。说来说去，没有人把做不做看得很重，没有人把做到没有看得很重。大家都认为做一做就可以了，我这样就可以了。甚至说得不好听，打一份工而已，我犯得着这样去干吗？我犯得着把这个事这么当个事吗？再说的不好听，有些人甚至认为我能够把你说的做到80%、70%，对天对地对良心都对得起了。没有精益求精的精神，不愿意挑战自己。

我们说得不好听，这是人的通病，只是大小多少不同而已，绝大部分人都认为马马虎虎过得去就可以了。为什么马马虎虎过得去就可以了呢？

第一，以前企业不查，我马虎不马虎没人知道。

第二，马虎不马虎，我的收入不受影响。马马虎虎我挣这么多钱，认认真真我也挣这么多钱，你说我是马虎，还是认真呢？

第三，从内心来讲，很多人就觉得这件事，要不是为了这点工资，我压根就不想做，说实话。所以我们认为懒散是我们企业的头号敌人，和打仗一样的，你是拼了命打，还是打打而已，我想这个仗打出来的效果是不一样的。拼了命打，以少能胜多；打打而已，多都要被少干掉。

三国演义里，袁绍的七十万人打仗就和我们很多管理人员做管理一样的，打打而已，打得赢就打，打不赢就跑，跑不赢就降，那你七十万人哪里够打呢？七百万都不够曹操打的。

曹操就敢说我七万人去打他七十万，事实上就是这样，七万人把七十万人打败了，为什么？那七万人不是打打而已，而是非赢不可，所以曹操打败了袁绍，打败了袁术。

为什么打不过刘备呢？刘备那边的人更是亡命之徒，大家都知道，关云长过五关斩六将，他就不图荣华富贵，只图他的目标达成。他把刘备的老婆送到刘备身边，为了达成这个目标，过五关斩六将，非要达成目标，这就是关云长。

赵子龙百万军中救阿斗，你看，多少人围着他，他明知不可为而为之，非要把刘备的儿子救出来，就救出来了。他们这帮人都是亡命之徒，什么亡命之徒？不是打打而已，而是非赢不可。你看三国，你能够看到这样的区别你就知道了，什么事情就在于你做做而已还是非成不可，区别就在这个。

我们认为不是做管理如此，做凡事都是如此，你是非成不可，还是做做而已。

我们现在企业的问题绝大部分就在这个地方产生了分水岭，大部分企业都在做，但是大部分企业都是做做而已，少部分企业是非成不可，效果就不同了。一天一天拉开距离，一天一天拉开差距。中国的企业和日本的企业的区别在这里，我们自己的企业，好企业和坏企业的区别也在这个地方。我们现在还有很多企业只是整天做做而已。

我们的稽核干什么？就是让你非做不可。所以大家怎么理解稽核？稽核就是把我们做做而已的心态改过来，改成非做不可，只不过我们不讲道理。我们不讲道理不是说我们没有道理可讲，而是我们知道讲了道理没用，我们知道道理讲了都是白讲，怎么办？查！罚不罚，是另外的事，先查了再说。一定要查，狠狠的查。稽核就是检查，稽核是什么检查呢？是反复的查，狠狠的查，这是我要说的第一点，就是稽核是什么。

稽核的目的是什么？我把它提到一个高度，稽核的目的就是把我们企业的人从做做而已变成非做不可，“方法”是什么呢？方法是反复的查，狠狠的查。就这么简单。不做不行，天天像蚊子一样的在你耳朵边上叫：做、做、做、做、做。最后你就是因为这么叫，把你叫烦了，最后你去做了它。有一次就有二次，有二次就有三次。

很多企业搞制度，推流程都有一个不好的习惯：只重方案，不重实施。尽管天天在强调执行力，但在方案设计时候，就不考虑到执行的问题，在执行的过程中再去抓执行。这显然是头痛医头、脚痛医脚的做法。稽核控制法对应的“稽核控制卡”让管理者从人们不执行的心态出发，设计出准备应对人们多次反复的方案，达到执行的效果。

管理大师张瑞敏曾说过：管理是一项笨功夫，没有一劳永逸的方法，只有深入细致的反复抓，抓反复，才能不滑坡、上档次。一件事情不是一次就能做好，你不继续抓它，它就会掉下去，下落到 8 或者下落到6。你再抓一次，它又上升一些，但还会下落，不过这次不会下落得那么大了。又抓一次，它又会落下一次，但这次下落更小了。逐渐的，它就能自然是达到一开始设定的目标了。

在这种反反复复的过程中，人每次都会改变一点，多次反复后，人的改变就会积累下来，形成一个大的改变。人改变了，事情就能持续业绩就能稳步上升。所以，我们要在模式建立的过程中不断地训练人，要把模式建立的过程当作训练人的过程。要懂得一个模式改变与人的改变的双螺旋。模式在改，人也在改，相互适应，最后慢慢达到了一个很高的水平。改变模式的过程就是改变人的过程，人的改造差不了，这种模式就稳定了，而稳定的模式才能产生持续的业绩。

稽核体系就是一个抓反复的体系，它不是查一次，而是反复查，是以员工肯定要违反为前提的。我们在此模式设计的时候，不要试图一步到位，起点不要太高，同时要做好人们不执行的准备，要考虑人们违反了怎么办、抗拒怎么办，要有多少次反复的思想准备。为了应对反复，我们强化了稽核，在很多企业，根据稽核控制法的精神，做出了“稽核控制卡”这种管理工具。将谁负责稽核检查、稽核的要点、稽核的频次、稽核的责任追究，都写在一张小卡上，让执行人和稽核人都知道。这有利于稽核的实施，效果很好。

为了使读者全面了解企业生产系统基本流程的稽核标准，附录九将全面体现生产系统基本流程的《稽核控制卡》，欢迎读者朋友参阅。

稽核办的职能、稽核人员的职责、《稽核控制卡》和《稽核管理制度》，详见“附录九”模板。

第五节 执行流程的目的是为了使员工养成习惯

现在，很多公司只想通过流程考核或绩效考核达到流程执行的目的，这种做法，是懒人做法，是对员工和公司不负责任的做法。为什么这样说呢？

笔者觉得，做任何事情，是有规律的，要遵循规律。管理员工，也不例外，应该有个过程。流程推行的十大步骤，包括每一大步骤里面的每个小步骤，一个都不能少，不能怕麻烦。事前怕麻烦，事后更麻烦。事后的损失还更大。

例如，培训、学习、考试这些环节就很重要，一定不能少。一不使员工富裕，二不教育好员工（包括培训、指导等），三不告知员工，就要追究员工责任，这样显然不妥。还有，很多企业，口口声声说乐捐不是目的，是手段，但连80%以上的员工没有形成习惯，就要请这些员工乐捐。这是不合适的做法。因为给人的感觉，还是要乐捐员工。如果员工一旦有情绪，他（她）有可能会搞破坏，破坏之后的损失，往往比你不让他（她）乐捐要大得多。这叫得不偿失。

一个企业，到底是在什么时间要求员工乐捐才合适呢？笔者认为，可以有以下两种做法：

(1) 给公司造成一定损失的［例如500元起步（不含500元）］，大家一起约定一个人数比例（例如80%以上或90%以上，最好是100%。具体到每个企业是多少，由老板决策）养成习惯后，就可以开始要求员工乐捐。在乐捐前，一定要进行每周排名，以激励员工快速养成习惯；

(2) 没有给公司造成损失的，或损失很小［例如500元以下（含500元）］，流程规定让员工自己提出处理方法，包括物质乐捐和精神乐捐等，只要合理就行。

不同的企业，具体怎么做，要具体研究。

第六节　打造流程执行文化

只要你参与了公司管理，只要你纳入了公司流程的考核，无论你是老板，还是老板娘，是大股东，还是小股东，就请你遵从公司的流程，不可凌驾于流程之上。

案例：柳传志的迟到故事

有一天，柳传志来上班时，电梯突然坏了，他被关在里面，一下子出不来，整整耽误了20分钟。结果，他迟到了。但他并没有认为："我是老大，而且情况特殊，我就不罚站。"他坚持按"上班迟到要罚站"的规定去罚站自己。

建设服从文化，一方面要奖励，另一方面要惩罚，要奖惩并重。

奖励的要点：

（1）奖励要及时。过了适当时间，再奖励，就欠缺激励效果。

（2）奖励的时候要隆重。比如，要有音乐、鲜花和美酒，有擂鼓、舞狮等活动，总经理等企业最高负责人要在场，要把奖励的消息传递给获奖者的家庭。

惩罚的方式：

（1）遵守第一的原则。即要惩罚第一个犯错的人，因为有罚一儆百的作用。

（2）惩罚上司。下级犯了错，上司就要接受相应的惩罚。

（3）惩罚团队。一个人犯了错，整个团队都要接受乐捐。

（4）要有"斩马谡"的精神。做到"不换思想，就换人"。

建设感恩文化。感恩的建立，是要有换位思考或角色体验后才能具备的。感恩文化的建设是人与人之间零距离的源泉，而零距离是团队执行力的基础。

整个公司的流程要设专门的指标"条职责执行率""支职责执行率"由专门的机构进行主导考核，常抓不懈，营造流程大于领导的风气，这个流程文化就形成了。

附　　录

附录一　文件研讨执行规则

文件研讨执行规则

1. 目的

为保证公司出台的所有流程、制度、控制卡得到执行，培养员工遵守规则的意识，提升执行力，提升品质、效率，降低成本，特拟定本规则。

2. 范围

本规则适用于公司所有流程、制度、动作控制卡等规定。

3. 部门职责

3.1　文件的主导部门为监控部门，主要职责是维护文件运行、检查、培训、指导、问题点收集、处理。

3.2　文件涉及的相关部门为执行部门，涉及的岗位按文件的职责或规定执行。若在运行过程中，遇到运作不畅等情况时，及时知悉主导部门负责人或总经理处理。

4. 研讨原则

4.1　人会遵守自己的规则：让下属或员工自己制定规则，只要制定得合理，就会得到很好的执行；如果制定得不合理，上司或领导还可引导达成共识，直至合理。

4.2　合理性：文件研讨以合理性为准。

4.3　低标准：文件需要体现的是得到双方认可的合理标准。

5. 研讨前

5.1　主导部门负责起草相关流程、制度、动作控制卡等，并把起草好的内容发给相关部门，以供相关部门内部研讨。

5.2　跨部门研讨前，主导部门负责人组织与关键部门关键岗位提前沟通，确保方向、重点达成共识。

5.3　相关部门提出建议的具体运作，按“文件建议收集管理制度”执行。

6. 研讨中

6.1　遵守会议纪律，按“会议管理制度”执行。

6.2　主导部门组织跨部门研讨会，由参与部门负责人代表部门提出合理的细节意见或建议，以便达成共识。

6.3　研讨时，请参会人员踊跃提出合理建议和意见，不要会后再提不满意见。

7. 研讨后

7.1　严要求：定稿后的文件，权威性大于合理性，严格按照规定执行。

7.2　权威性：规则大于领导，制度大于总经理，流程大于董事会。

7.3　独立性：遇制度、决议未涉及或未规定的项目，先按职责要求作业，不要完全依赖于规定或决议。

8. 执行中

8.1　文件规定的条款，只能管例行（可控的），不能管例外（不可控的）。

8.2　运行过程中，因不可抗力造成的，不在文件约束范围内。

8.3　每隔一定时间，文件主管要主导检讨文件运行的适宜性和有效性。

附录二　调研工具

调研工具一：

项目调研进程表

序号	内容		起止时间																										
			月份	5月											6月														
			日期	21	22	23	24	25	26	27	28	29	30	31	1	2	3	4	5	6	7	8	9	10	11	12	13	14	15
			星期	三	四	五	六	日	一	二	三	四	五	六	日	一	二	三	四	五	六	日	一	二	三	四	五	六	日
1	调研准备	制作管理升级动员大会议程																											
		到企业，确定管理动员大会时间地点																											
		项目组老师工作、生活安置																											
2	初步调研	召开主管级以上干部调研动员会																											
		提供组织架构、通讯录、花名册																											

续表

序号	内容			起止时间																									
			月份	5月											6月														
			日期	21	22	23	24	25	26	27	28	29	30	31	1	2	3	4	5	6	7	8	9	10	11	12	13	14	15
			星期	三	四	五	六	日	一	二	三	四	五	六	日	一	二	三	四	五	六	日	一	二	三	四	五	六	日
3	正式调研	制定访谈计划，按计划进行访谈																											
		查阅文件、记录																											
		巡查现场，参与各种会议及活动																											
4	陈述报告	问题整理、案例佐证																											
		项目组内部起草调研报告，评审修改																											
		定稿、陈述																											
5	誓师大会	会前准备、组织架构及人事安排																											
		管理变革小组成员任命																											
		召开誓师大会，并按誓师大会会议议程进行																											

编制：项目组　编制日期：2014 年 5 月 20 日

调研工具二：

项目组工作安排

1. 与总经理沟通会议讲话要点及注意事项，项目组老师工作、生活安置；

2. 请总经理助理确认访谈人员名单，并提供 通讯录、花名册给老师；

3. 制定访谈计划，按计划进行访谈；

4. 召开主管级以上干部调研动员会。

专家组

2014 年 5 月 23 日

调研工具三：

企业访谈安排

尊敬的××各位同仁：

您好！我们是广州××咨询驻××项目组。我们正与你们一起为企业迎接未来的挑战、使业绩更上一层楼而努力。为了最大限度地提高工作效率，我们进行一次访谈调研活动，您的建议和意见对公司的发展至关重要，我们真诚地希望您能真实、独立地表达自己的观点，您对我们工作的支持和合作，将有助于我们了解实际情况，获取客观的信息，才能客观、准确地进行企业诊断，制订出适合企业发展的改善方案与举措。

请按照您的实际工作时间确认，以便在不适时能得到适当的调整，请签字确认访谈时间，谢谢您的配合！

	部门	职　位	姓　名	访谈日期	访谈时间	访谈地点	签　名
1	总经办	副厂长	张佳		下午	老师办公室	
2	客服部	专员	孔肖		下午	老师办公室	
3	衣柜生产部	厂长	焦红雨		晚上	老师办公室	
4	橱柜生产部	副厂长	刘晓阳		晚上	老师办公室	
5	采购部	经理	张红军	5月25日	上午	老师办公室	
6	仓储部	经理	张德平		上午	老师办公室	
7	设计部	经理	郭瑞		下午	老师办公室	
8	衣柜封边车间	师傅	郭东升		下午	老师办公室	
9	衣柜排孔车间	师傅	王超	5月26日	上午	老师办公室	
10	衣柜造型车间	师傅	孔德超		上午	老师办公室	
11	衣柜造型车间	师傅	张志建		上午	老师办公室	
12	橱柜开料车间	师傅	张龙飞		下午	老师办公室	
13	橱柜排孔车间	师傅	张瑶瑶		下午	老师办公室	
14	总经办	总经理	李怀军	5月27日	上午	总经理办公室	
15	现场基层员工抽查访谈				当天上班	现场	

发文：广州××咨询驻××项目组

2014年5月23日

调研工具四：

人员结构分析表

年　月　日统计

部门	总数	性别结构				文化程度结构						年龄结构						工龄结构								籍贯结构									
		男		女		大学		中专		初小		18～25岁		26～35岁		35岁以上		试用期		1年		2年		2年以上		第一		第二		第三		第四		第五	
		人数	%	人数	%	人数	%	人数	%	人数	%	人数	%	人数	%	人数	%	人数	%	人数	%	人数	%	人数	%	籍贯	人数	籍贯	人数	籍贯	人数	籍贯	人数	籍贯	人数
董事办																																			
总经办																																			
财务部																																			
人事行政部																																			
市场营销部																																			
供应链管理																																			
厂部办公室																																			
PMC 部																																			
仓库																																			
采购部																																			
品管部																																			
板房																																			

续表

部门	总数	性别结构				文化程度结构						年龄结构						工龄结构								籍贯结构									
		男		女		大学		中专		初小		18～25岁		26～35岁		35岁以上		试用期		1年		2年		2年以上		第一		第二		第三		第四		第五	
		人数	%	人数	%	人数	%	人数	%	人数	%	人数	%	人数	%	人数	%	人数	%	人数	%	人数	%	人数	%	籍贯	人数	籍贯	人数	籍贯	人数	籍贯	人数	籍贯	人数
裁床																																			
丝印																																			
缝制车间																																			
包装车间																																			
外发跟单																																			
合计																																			

性别	男	女
人数合计	305	147

学历	大学	中专	初小
人数合计	27	93	332

年龄	18－25岁	25－35岁	36岁以上
人数合计	219	177	56

工龄	试用期	一年	二年	二年以上
人数合计	159	199	39	55

籍贯	广东	江西	其它
合计人数	60		

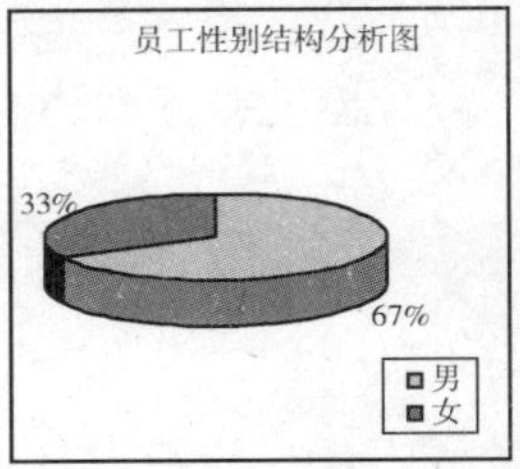

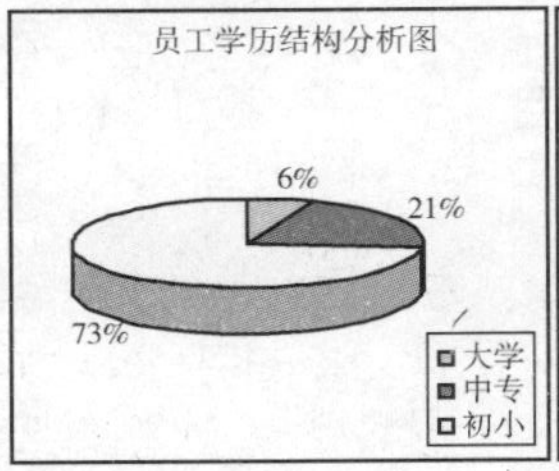

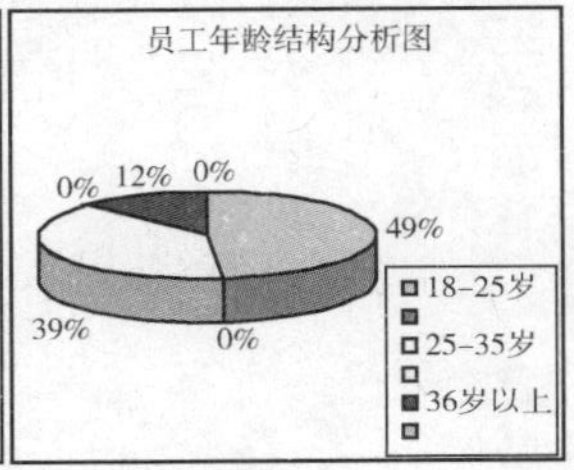

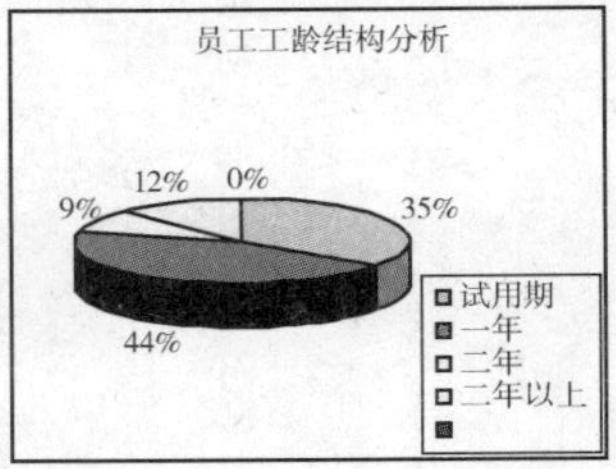

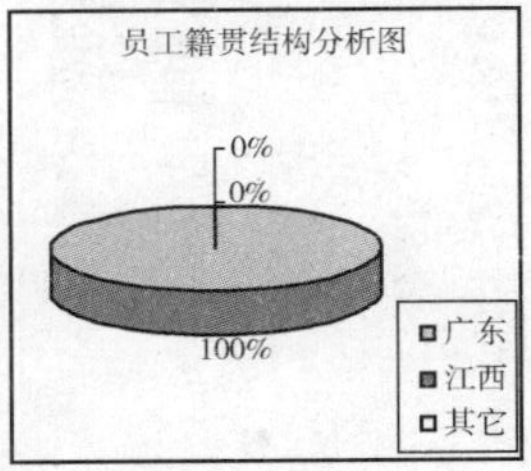

调研工具五：

流程管理实施调研动员会

一、流程管理实施座谈会安排：

1. 主题：企业管理团队与××咨询项目组沟通、企业调研工作安排、调研资料培训和发放。

2. 时间：2014 年 5 月 23 日 15：00 ~ 17：00；地点：××公司会议室。

3. 参会人员：××咨询公司专家组、驻厂项目组老师；×××公司主管级以上（含主管）人员。

4. 主持人：项目组长周老师。

二、具体议程：

1. 人员到会情况通报（1 分钟）。

2. 主持人宣布管理变革系统实施动员座谈会开始及会议纪律（2 分钟）。

3. 主持人介绍到会企业领导、专家组成员和驻厂项目组老师（2 分钟）。

4. ××咨询首席顾问××向参会人员讲解介绍“××咨询产品和项目组成员”（20 分钟）。

5. 项目组长讲解本次管理变革系统实施的进程、调研工作，安排调研工作，发放调研资料（15 分钟）。

6. ×××公司各部门负责人介绍自己、职务、主要职责和自己工作中的困惑（60 分钟）。

7. ×××公司总经理调研动员讲话，见《管理变革系统实施调研动员会总经理讲话提纲》（10 分钟）。

三、准备事项：

1. 管理变革动员座谈会所需投影仪、电脑音响等会议设备的准备。

2. 与会者手机关机或调至振动状态，并做好会议记录。

3. 要求每个参会人员带好笔记本，认真做好笔记。

4. 请确认：2个独立宿舍，2个床位，床上及日常生活用品；1个独立办公室、3张办公台、1台电脑及网络、1台打印机、1部电话及日常办公用品。

谢谢配合！

××咨询确认：×××　　　　　　　　××公司确认：

日期：________________

调研工具六：

流程管理实施访谈总经理记录

序号	访谈内容	访谈记录
1	本次管理变革的需求	
2	老板主要从业经历介绍	
3	公司发展历程介绍，公司目标和规划	
4	公司产成品特点介绍	
5	你对目前公司管理运作的评价	
6	公司目前的瓶颈是哪些？哪一个瓶颈目前必须要解决	
7	创业者、投资者的管理理念、经营理念介绍	
8	对公司目前主要管理人员的评价	
9	你的部门或团队准备如何参与管理变革	

流程管理实施访谈人事行政负责人记录

序号	访谈内容	访谈记录
1	请详细介绍人事行政部门人员情况	
2	介绍一下公司规章制度方面的情况	
3	请介绍一下公司管理人员的整体情况	
4	你觉得人事行政的管理情况怎样	
5	请对各部门沟通情况进行介绍	
6	请介绍公司在信息传达方面的情况	
7	员工食、宿情况怎样	
8	你对人事行政工作的改善方案有哪些	
9	你的部门或团队准备如何参加管理变革	

流程管理实施访谈财务部负责人记录

序号	访谈内容	访谈记录
1	请介绍财务部门人员情况	
2	请介绍公司近半年的销售情况	
3	介绍一下材料成本、管理费用比例情况	
4	请介绍成本核算运作方式	
5	货款回收周期、资金流转及应收应付情况介绍	
6	请介绍对仓库的监管情况	
7	请介绍财务管理工作中存在的管理问题	
8	你的部门或团队准备如何参加管理变革	

流程管理系统实施访谈客服专员记录

序号	访谈内容	访谈记录
1	请介绍营销部门人员情况	
2	2013 年和 2014 年各类产品每月销售状况介绍	
3	营销管理的瓶颈是什么	
4	客户订单是否经评审后再下生产指令，评审如何操作 请介绍客户订单变更处理及控制方式	
5	公司目前生产周期是多长，客户对此反应如何	
6	客户退货、补货、补件处理流程及对客诉处理情况的评价	
7	目前公司账款回收流程介绍	
8	请介绍你对提升销售业绩的方案	
9	你的部门或团队准备如何参与管理变革	

流程管理实施访谈设计部负责人记录

序号	访谈内容	访谈记录
1	请介绍设计部门人员情况	
2	提供给生产系统各部门的工程技术文件资料是否及时、准确、完整	
3	技术工程部门提供给生产系统各部门的模具、工装夹具是否及时、合理、实用	
4	技术工程部门提供的加工工艺流程是否详细	
5	技术工程人员是否现场跟进生产、分析和解决问题，请详细介绍	
6	请介绍技术改善与工艺改良的流程	
7	请介绍技术管理工作中的主要问题	
8	你有一些什么技术改良或工艺改善的方案	
9	你的部门或团队准备如何参加管理变革	

流程管理实施访谈生产计划负责人记录

序号	访谈内容	访谈记录
1	请介绍生管物控部人员情况	
2	生产计划是怎样运作的	
3	请详细介绍企业目前的客户订单转生产指令的操作程序	
4	目前企业的生产进度如何控制	
5	请介绍插单、急单现在实行的解决办法	
6	企业目前的生产周期是多少，影响生产周期的最主要因素有哪些	
7	请介绍物料的退、补、报废流程	
8	产品不配套对生产影响情况	
9	企业有无系统管理软件。如有，请简单介绍运作状况	
10	你的部门或团队准备如何参加管理变革	

流程管理实施访谈生产负责人记录

序号	访谈内容	访谈记录
1	请介绍生产部门人员情况	
2	各车间、工序分布情况及主管任职情况介绍	
3	生产进度落后或产能未被充分利用时所采取的措施有哪些	
4	企业有无测标准工时	
5	目前企业有无物料领发、退补作业规定。超领物料如何处理	
6	生产员工是否对产品质量自主严格控制，是否提出改进工艺的建议	
7	对生产的投入与产出控制是否有具体方案和规定	
8	生产现场“5S”管理状况介绍	
9	介绍生产异常处理程序	
10	各车间、工序之间产品流转介绍，成品入仓介绍	
11	对管理人员和员工有无进行绩效考核，运行结果如何	
12	你的部门或团队准备如何参加管理变革	

流程管理实施访谈品质负责人记录

序号	访谈内容	访谈记录
1	请介绍品检人员情况	
2	是否经常对员工进行质量意识教育与培训	
3	请介绍来料检验流程及不合格品处理方式	
4	请介绍首件检验、制程检验流程及不合格品处理方式；车间自检情况怎样	
5	请介绍成品检验及出货检验流程及不合格品处理方式	
6	介绍品质异常改善流程及操作情况	
7	请介绍客诉、客退处理流程及实施情况	
8	有无品质专项督导资料，有无对品质管理人员的监管措施	
9	你有什么品质管理改善方案	
10	你的部门或团队准备如何参加管理变革	

流程管理实施访谈采购部负责人记录

序号	访谈内容	访谈记录
1	请介绍采购部门人员情况	
2	请介绍目前供应商情况	
3	请介绍采购工作的瓶颈	
4	目前采购工作是如何具体实施的？如采购计划、审批程序、报价评估、采购订单管理等方面，请介绍	
5	采购指令是哪里下达的？下达情况如何	
6	采购进度是怎样跟踪的？到货情况是如何掌握的	
7	目前企业是怎样向供方退料、补料的	
8	有无对呆滞材料进行利用的措施，措施怎样	
9	你的部门或团队准备如何参加管理变革	

流程管理实施访谈仓库负责人记录

序号	访谈内容	访谈记录
1	请介绍仓库人员情况	
2	目前企业有无对仓储区域进行划分与标识及实行“5S”管理	
3	物料搬运、防护的操作流程是什么，请简单介绍	
4	目前收料、发料作业是如何操作的	
5	成品入库手续如何办理	
6	仓库呆滞料是如何处理的	
7	介绍仓库报表传递方式和账物卡相符率抽查方式	
8	你的部门或团队准备如何参加管理变革	

调研工具七：

________部________岗位访谈记录

被访谈人：________ 籍　贯：________
学　　历：________ 出生年月：________
部　　门：________ 职　　务：________
工　　龄：________ 行业年龄：________
现职年资：________ 同职年资：________
访谈老师：________ 访谈时间：________
直接上司职务/姓名：________
直接下属职务/姓名：________
上　级　人　数：________
下　级　人　数：________

一、基本情况：

1. 工作职责：

A.

2. 部门业务运作流程、岗位工作流程、管理流程、沟通（包括会议、培训、活动等）执行情况阐述：

A.

3. 请写出曾经的管理方式、主要的问题、最大的问题、核心的问题等（含具体案例）：

A.

二、被访谈人对公司管理与管理变革的建议，或怎么做容易出效果呢？

A.

调研工具八：

温馨提示

请如实提供以下资料，规定上交时间为5月30日18：00前，如无相关资料，则必须附书面资料说明原因。请将资料先交给________，再由________汇总整理后转交专家组老师，多谢合作！

专家组

2014年5月23日

客服部流程管理实施调研清单

序号	需提供资料	提供时间	实际提供资料	备注
1	请详细介绍本部门目前的组织结构、部门职责、岗位配置和责任人			
2	2013—2014年各类产品每月销售目标、实际达成状况资料			
3	有无客户档案资料，如有，请提供样板			
4	同客户有无签订“购销合同”，如有请提供样板			
5	客户投诉与抱怨处理流程介绍及2013—2014年每月客户投诉记录明细提供			
6	客户退货、补货、补件处理流程及2013—2014年每月记录			
7	2013—2014年每月客户订单变更及取消订单汇总及分析			
8	2013—2014年每月订单准时交货统计分析			
9	自2014年1月1日起每日订单异常及数据提报			

（请自行附页，谢谢！）　　　　签名确认：

温馨提示

请如实提供以下资料，规定上交时间为5月30日18：00前，如无相关资料，则必须附书面资料说明原因。请将资料先交给________，再由________汇总整理后转交专家组老师，多谢合作！

专家组

2014年5月23日

设计部流程管理实施调研清单

序号	需提供资料	提供时间	实际提供资料	备注
1	请详细介绍本单位目前的组织结构、部门职责、岗位配置和责任人			
2	请提供： 公司目前所使用的工作流程及相关制度 有无制订产品标准生产工时，有无计件单价标准，如有，请提供 有无统筹生产工艺改善，如有，请提供管理制度及历史记录			
3	相关表单及数据提供： “BOM”资料、“图纸资料发放记录” “作业指导书”“工艺流程” 2013—2014年每月技术管理数据			
4	请提供： 产品设计开发输入所使用表单资料，产品开发是否经过技术评审，如有，请提供样板			

续表

序号	需提供资料	提供时间	实际提供资料	备注
5	请提供： 公司目前产品规格、型号、汇总统计清单			
6	请提供： 产品设计开发是否有进度计划，如有，请提供样板			
7	请提供： 2014 年设计开发规划、目标及实施方案			
8	有无物料编码及编码规则，如有，请附编码规则；有没接触过 ERP 管理系统，如有，请谈谈对它的认识			
9	请提供样板制作所使用的工作流程及相关制度			

（请自行附页，谢谢！）　　　　签名确认：

温馨提示

请如实提供以下资料，规定上交时间为5月30日18：00前，如无相关资料，则必须附书面资料说明原因。请将资料先交给________，再由________汇总整理后转交专家组老师，多谢合作！

专家组

2014年5月23日

生产质检流程管理实施调研清单

序号	需提供资料	提供时间	实际提供资料	备注
1	请详细介绍本部门目前的组织结构、部门职责、岗位配置和责任人			
2	请提供： 2013—2014年每月来料合格率、制程合格率、成品检验合格率、客户投诉次数、客户退货数、生产返工率（批次）等明细数据			
3	请提供过程检验记录、检验规范			
4	企业有无建立纠正/预防措施机制和品质异常处理记录，请提供书面资料			
5	有无品质例会，请提供品质例会记录			
6	有无品质检验数据的统计、分析资料 有无品质异常改善分析资料			
7	有无品质专项稽核资料，有无对品质管理人员的监管措施			
8	请提供质管部所有表单样板			
9	自2014年1月1日起，每日品质异常及数据提报			

（请自行附页，谢谢！）　　　　签名确认：

温馨提示

请如实提供以下资料，规定上交时间为5月30日18：00前，如无相关资料，则必须附书面资料说明原因。请将资料先交给________，再由________汇总整理后转交专家组老师，多谢合作！

专家组

2014年5月23日

生产计划流程管理实施调研清单

序号	需提供资料	提供时间	实际提供资料	备注
1	请详细介绍： PMC目前的组织架构、部门职能、各岗位人员编制和职责 人员工资结构 每月平均工资水平 各个岗位的考核项目及指标			
2	目前所使用的作业流程、规章制度及技术资料有哪些？提供主要表单			
3	请提供： 2013—2014年每月接单总量 2013—2014年每月各车间产能负荷分析 2013—2014年每月各工厂订单准交率汇总 2013—2014年每月各车间计划达成率			

续表

序号	需提供资料	提供时间	实际提供资料	备注
4	请提供： 近期订单评审记录 近期订单交期分解表 生产计划（主计划、月计划、周计划、日计划）、生产日报、生产周报、生产月报 2013—2014 年每月的生产数量、产值统计			
5	请提供： 2013—2014 年每月生产直通率 2013—2014 年每月人均生产效率			
6	请提供： 2013—2014 年每月插单、急单、改单、订单取消的统计数据，并提供现在实行的解决办法			
7	请提供： 2013—2014 年每月呆废料统计明细及处理结果			
8	数据提供： 2013—2014 年每月出货数量、金额统计 每月生产报废数量、金额统计 每月补料及报废料数据明细			
9	自 2014 年 1 月 1 日起，每日各单位异常及数据提报			

（请自行附页，谢谢！）　　　　　　　　签名确认：

温馨提示

请如实提供以下资料，规定上交时间为5月30日18：00前，如无相关资料，则必须附书面资料说明原因。请将资料先交给________，再由________汇总整理后转交专家组老师，多谢合作！

专家组

2014年5月23日

采购部流程管理实施调研清单

序号	需提供资料	提供时间	实际提供资料	备注
1	请详细介绍采购目前的组织结构、职责、岗位配置和责任人			
2	请提供物料采购周期表、物料需求计划、采购作业程序（含采购过程控制）			
3	有无与供方签订质量保证协议书，有无方案追溯供应商因质量原因的损失费用，请详细介绍。提供供应商名录资料			
4	请提供2013—2014年每月物料交期达成及品质合格率统计数据			
5	目前企业是怎样向供方退料、补料的，请提供程序和表单			
6	有无组织供应商进行专项改善或专题辅导，请提供主要供应商现场辅导记录、供应商回复的改善措施资料			
7	表单数据：物料交期分解表、欠料明细、采购管制表、采购日计划（跟催记录）等			
8	自2014年1月1日起，每日物料异常及数据提报			

（请自行附页，谢谢！）　　　　签名确认：

温馨提示

请如实提供以下资料，规定上交时间为5月30日18：00前，如无相关资料，则必须附书面资料说明原因。请将资料先交给________，再由________汇总整理后转交专家组老师，多谢合作！

专家组

2014年5月23日

生产部流程管理实施调研清单

序号	需提供资料	提供时间	实际提供资料	备注
1	请详细介绍： 生产部的组织架构、各车间职能、各岗位人员编制、职责及责任人 人员工资结构 每月平均工资水平 各个岗位的考核项目及指标			
2	目前所使用的作业流程、规章制度及技术资料有哪些？提供相关制度的执行情况 请提供主要表单： 领料单、退料单、工序交接单、生产日报表、生产周报、生产月报等			
3	请提供： 2013—2014年每月生产总量 2012—2013年每月各车间总加班时间，日均加班时间 2013—2014年每月各车间人均效率			
4	请提供： 各车间机器设备分布清单 生产部门各车间、工序之间成品/产品流转方式，经过哪些程序			

续表

序号	需提供资料	提供时间	实际提供资料	备注
5	请提供： 2013—2014 年，每月生产异常统计分析和解决方案、措施 如交期异常、品质异常、物料浪费异常、人员异常等			
6	请提供： 车间现场管理情况；现场使用的工装、器具登记资料及标识状况			
7	请提供： 数据提供：2013 年、2014 年每月生产计划达成率、每月呆、滞、废料状况统计及处理结果、每月紧急订单或插单次数统计、每月停工待料次数统计、每月在制品物料报废记录和每月工伤记录等			
8	自 2014 年 1 月 1 日起，每日各单位异常及数据提报			

（请自行附页，谢谢！）　　　　签名确认：

温馨提示

请如实提供以下资料，规定上交时间为5月30日18：00前，如无相关资料，则必须附书面资料说明原因。请将资料先交给________，再由________汇总整理后转交专家组老师，多谢合作！

专家组

2014年5月23日

（衣）橱柜生产部流程管理实施调研清单

序号	需提供资料	提供时间	实际提供资料	备注
1	请详细介绍： （衣）橱柜生产部目前的组织架构、部门职能、各岗位人员编制和职责 计时及计件人员工资结构 计时及计件人员每月平均工资水平 每月工伤记录 各个岗位的考核项目及指标			
2	请提供： （衣）橱柜生产部2014年产能目标 主要的管理制度 各制度的执行监督及责任追究情况			
3	请提供： （衣）橱柜生产部产能负荷分析、瓶颈工序及拟解决的方法			
4	请提供： 各车间、工序之间产品生产指令的编制、下达及其控制程序（附指令单样本） 各车间、各个工序生产周期汇总表 生产进度控制办法及其表单 生产指令结案管理办法及其表单			

续表

序号	需提供资料	提供时间	实际提供资料	备注
5	请提供： 各车间、工序之间产品流转介绍 半成品及成品入仓介绍，使用了哪些表单，经过哪些程序			
6	请提供： 2013—2014 年每月异常工时记录汇总 各生产车间发生的主要生产异常原因分类及对应的比例和数量，如技术开发缺陷、品质异常、物料异常、设备异常、人员异常等相关资料 2013—2014 年每月各类异常责任追究记录			
7	数据提供： 2013—2014 年每月按产品大类分类汇总总产量、人均产量及生产计划达成率 2013—2014 年每月按产品大类分类汇总各个工序产量及人均产量 每月呆、滞、废料统计及处理结果 每月紧急订单、插单、改单及计划单取消次数统计 每月停工待料次数及时间统计 每月停机次数及时间统计 每月正常及异常退补料数量及原因分类和其对应的比例汇总表			
8	请提供： 2013—2014 各工序物料损耗标准及实际损耗汇总			

续表

序号	需提供资料	提供时间	实际提供资料	备注
9	请提供： 各工序质量管理表单及程序文件 各工序半成品或成品检验标准 品质异常及其改善措施 车间半成品或成品一次合格率			
10	请提供： 工艺技术资料的编制及提供的程序和其对应的表单 生产现场技术辅导的机制及其对应的表单 工艺改良的程序及其对应的表单、方案			
11	请提供： 设备分布及现场使用的工装、夹治具登记资料、管理制度及标识状况 设备稼动率汇总表 设备保养计划及其实施记录 设备点检记录表			
12	请提供： 2013—2014 年每月人均产值汇总表 2013—2014 年每月制造成本汇总表 产品成本分析表			
13	自 2014 年 1 月 1 日起，每日各单位异常及数据提报			

（请自行附页，谢谢！）　　　　签名确认：

温馨提示

请如实提供以下资料，规定上交时间为5月30日18：00前，如无相关资料，则必须附书面资料说明原因。请将资料先交给________，再由________汇总整理后转交专家组老师，多谢合作！

专家组

2014年5月23日

仓库流程管理实施调研清单

序号	需提供资料	提供时间	实际提供资料	备注
1	请详细介绍本部门目前在仓库管理方面的组织结构、部门职责、岗位配置和责任人			
2	请提供物料搬运、防护的操作流程，并介绍实际执行状况			
3	请提供主要物料安全库存量 物料收、备、发、退、补、报废作业程序 请详细介绍实际执行状况，并提供书面资料			

续表

序号	需提供资料	提供时间	实际提供资料	备注
4	请提供半成品及成品入库作业程序（含表单），并简单介绍实际执行状况 提供 2013—2014 年每月入库相关数据			
5	请提供盘点制度，并介绍实际作业状况，提供 2013—2014 年盘点记录。 目前各个仓库账、物、卡相符率			
6	仓库呆滞料是如何处理的，提供 2013—2014 年每月呆废料记录及处理表单			
7	目前仓库、采购、财务等部门的账务是如何进行处理的，请详细介绍作业程序，并提供 2013—2014 年每月相关数据			
8	自 2014 年 1 月 1 日起每日物料异常及数据提报			

（请自行附页，谢谢！）　　　　签名确认：

温馨提示

请如实提供以下资料，规定上交时间为5月30日18：00前，如无相关资料，则必须附书面资料说明原因。请将资料先交给________，再由________汇总整理后转专家组老师，多谢合作！

专家组

2014年5月23日

行政流程管理实施调研清单

序号	需提供资料	提供时间	实际提供资料	备注
1	请详细介绍行政部目前的组织结构、职责和责任人			
2	公司规章制度方面：请提供“会议管理制度”“公司会议一览表”及行政会议记录、“奖惩制度”“考勤制度”“薪酬制度”“绩效考核制度”“员工招聘制度”“员工培训制度”及员工异动、激励、申诉、建议等目前行政部管理方面所有的规章制度			
3	人员结构及流动性：公司各部门2013—2014年每月人员流失人数、流失率；目前各部门人员性别、工龄、学历、籍贯等分类统计资料			
4	安全记录汇总（包括2013—2014年每月工伤安全事故分析及处理对策等）			
5	请提供2012—2013年度员工奖惩汇总清单			

续表

序号	需提供资料	提供时间	实际提供资料	备注
6	请提供员工食、宿、差旅费用标准及管理规定			
7	请提供最新员工花名册			
8	请将行政部目前使用的所有表单各复印一份			
9	自2014年4月1日起，每日人员进出、异动、各部门人力报表及安全事故提报			

（请自行附页，谢谢！）　　　　签名确认：

附录三　流程执行力项目实施进程表

流程执行力项目进程表

管理变革设计方案

项目	类别	实施方案	策划类型	3月				4月				5月				6月				7月				8月			
				1周	2周	3周	4周	1周	2周	3周	4周	1周	2周	3周	4周	1周	2周	3周	4周	1周	2周	3周	4周	1周	2周	3周	4周
组织机构调整		◆建设管理机制，夯实管理基础																									
	机制	1. 成立管理变革推进领导小组并运行	组织	√	√	√	√	√	√	√	√	√	√	√	√	√	√	√	√	√	√	√	√	√	√	√	√
		2. 成立稽核中心及运行	组织	√	√	√	√	√	√	√	√	√	√	√	√	√	√	√	√	√	√	√	√	√	√	√	√
		3. 生产计划模式的导入	组织	√	√	√	√	√	√	√	√	√	√	√	√	√	√	√	√	√	√	√		√	√	√	√
	组织结构设置	4. 根据企业战略发展规划，讨论、调整、执行公司组织架构	架构	√	√	√																					
		——与企业高层讨论、调整、确定组织结构	架构	√																							
		——确定各部门的组织目标，强化职能部门管理	架构			√	√																				
		——整合、调整相关部门的职责	架构			√	√	√																			

续表

项目	类别	实施方案	策划类型	3月 1周	3月 2周	3月 3周	3月 4周	4月 1周	4月 2周	4月 3周	4月 4周	5月 1周	5月 2周	5月 3周	5月 4周	6月 1周	6月 2周	6月 3周	6月 4周	7月 1周	7月 2周	7月 3周	7月 4周	8月 1周	8月 2周	8月 3周	8月 4周
组织机构调整	组织结构设置	——策划、组织、实施稽核专员竞聘会	会场				√																				
		5. 根据企业组织架构讨论、调整、执行部门组织架构	架构		√	√	√	√																			
		6. 推行并实施“会议管理制度”	制度				√	√	√	√	√	√	√	√	√	√	√	√	√	√	√	√	√	√	√	√	√
		7. 推行并实施“稽核管理制度”	制度				√	√	√	√	√	√	√	√	√	√	√	√	√	√	√	√	√	√	√	√	√
人际环境改善	◆案例分析法——管理源于认同，认同源于接受。全员主角法——消除边缘化，让人人成为中心，系统改造人际关系方案																										
	1	开展“管理变革例会”的活动策划、组织和实施	会场				√	√	√	√	√	√	√	√	√	√	√	√	√	√	√	√	√	√	√	√	√
	2	开展“案例分析会”的活动策划、组织和实施	会场					√	√	√	√	√	√	√	√	√	√	√	√	√	√	√	√	√	√	√	√
	3	举办“我为管理变革献计献策”征文大赛，并给予相应奖励	心场						√																		
	4	员工生日晚会策划、组织和实施	情场						√				√				√				√				√		

续表

项目	类别	实施方案	策划类型	3月				4月				5月				6月				7月				8月			
				1周	2周	3周	4周	1周	2周	3周	4周	1周	2周	3周	4周	1周	2周	3周	4周	1周	2周	3周	4周	1周	2周	3周	4周
人际环境改善	6	开展合理化建议活动的策划、组织和实施	梦场										√														
	7	管理变革月总结及评比活动	心场				√				√				√				√				√				√
物料链的打造与完善	◆流程再造，打造横向控制系统																										
	1	物料控制分段制约分析会	会场		√																						
	2	物控员对采购、仓库、生产的控制——“物料控制作业流程”	流程			√	√																				
	3	物控员对采购、仓库、生产的控制——“物料控制作业控制卡”	卡			√	√																				
	4	板房对物料的控制——物料清单攻关小组	战场		√	√	√	√	√																		
	5	仓库对物料的控制——仓库整理整顿攻关小组	战场		√	√	√	√	√	√	√	√	√														
	6	财务部对仓库的控制——“仓库管理制度”	流程			√	√																				
	7	仓库对物料的控制——“备料控制卡”	卡			√	√																				

续表

项目	类别	实施方案	策划类型	3月				4月				5月				6月				7月				8月			
				1周	2周	3周	4周	1周	2周	3周	4周	1周	2周	3周	4周	1周	2周	3周	4周	1周	2周	3周	4周	1周	2周	3周	4周
物料链的打造与完善	8	仓库对物料的控制——“收料控制卡”	卡			√	√																				
	9	仓库对物料的控制——“发料控制卡”	卡			√	√																				
	10	仓库对物料的控制——“补料控制卡”	卡		√	√	√	√																			
	11	仓库对物料的控制——“退料控制卡”	卡		√	√	√	√																			
	12	稽核对仓库的控制——“仓库稽核卡”	卡					√	√	√	√	√	√	√	√	√	√	√	√	√	√	√	√	√	√	√	√
	13	采购分段制约分析会	会场						√	√	√	√	√														
	14	采购对物料的控制——“采购作业流程”	流程						√	√	√	√	√														
	15	采购对物料的控制——“采购作业控制卡”	卡						√	√	√	√	√														
	16	稽核中心对采购的控制——“采购稽核卡”	卡							√	√	√	√														

续表

项目	类别	实施方案	策划类型	3月				4月				5月				6月				7月				8月			
				1周	2周	3周	4周	1周	2周	3周	4周	1周	2周	3周	4周	1周	2周	3周	4周	1周	2周	3周	4周	1周	2周	3周	4周
物料链的打造与完善	17	品质部对物料的控制——“来料检验作业控制卡”	卡		√	√	√																				
	18	稽核中心对质管的控制——“来料检验稽核卡”	卡			√	√	√	√																		
	19	PMC部对呆滞料的控制——“呆滞物料处理作业流程”	流程											√	√	√	√										
	20	PMC部对呆滞料的控制——“呆滞物料处理控制卡”	卡													√	√	√	√	√	√	√	√				
	21	组织、策划、实施呆废料消化处理方案	战场										√	√													
	22	盘点分段制约分析会	会场									√	√	√													
	23	财务部对物料的控制——“盘点管理制度”	流程									√	√	√													
	24	财务部对物料的控制——半年度盘点	战场															√	√								

续表

项目	类别	实施方案	策划类型	3月				4月				5月				6月				7月				8月			
				1周	2周	3周	4周	1周	2周	3周	4周	1周	2周	3周	4周	1周	2周	3周	4周	1周	2周	3周	4周	1周	2周	3周	4周
产能链的打造与完善	◆流程再造，打造横向控制系统																										
	1	订单评审分段制约分析会	会场			√	√	√	√	√																	
	2	分析、清理目前在途订单及库存订单	流程		√	√	√	√	√	√																	
	3	PMC 对订单的控制——“订单评审作业流程”	流程			√	√	√	√																		
	4	PMC 对订单的控制——“订单评审控制卡”	卡				√	√	√	√																	
	5	稽核中心对订单的控制——“订单评审稽核卡”	卡				√	√	√	√																	
	6	生产计划分段制约分析会	会场		√	√	√	√																			
	7	PMC 对生产的控制——“生产计划作业流程”	流程			√	√	√	√	√	√	√	√	√	√	√	√										
	8	对生产的控制——“生产计划作业控制卡”	卡			√	√	√	√	√	√	√	√	√	√	√	√										
	9	稽核中心对计划的控制——“计划管理稽核卡”	卡				√	√	√	√	√	√	√	√	√	√	√										

续表

项目	类别	实施方案	策划类型	3月				4月				5月				6月				7月				8月			
				1周	2周	3周	4周	1周	2周	3周	4周	1周	2周	3周	4周	1周	2周	3周	4周	1周	2周	3周	4周	1周	2周	3周	4周
产能链的打造与完善	10	PMC 对生产的控制——“生产协调会制度”	流程			√	√	√	√	√	√	√	√	√	√	√	√	√	√	√	√	√	√	√	√		
	11	生产事业部对产能的控制——“生产过程控制卡”	卡				√	√	√	√	√	√	√	√	√	√	√										
	12	生产事业部对产能的控制——“生产异常作业流程”	流程				√	√	√	√	√	√	√														
	13	生产事业部对产能的控制——“生产异常控制卡”	卡				√	√	√	√	√	√	√														
	14	品质部对产能的控制——制程检验分段制约分析会	会场				√	√																			
	15	品质部对产能的控制——“制程检验作业流程”	流程					√	√	√	√	√	√	√	√	√	√										
	16	品质部对产能的控制——“制程检验作业控制卡”	卡					√	√	√	√	√	√	√	√	√	√										
	17	稽核中心对质管的控制——“制程检验稽核卡”	卡					√	√	√	√	√	√	√	√	√	√										
	18	生产事业部对产能的控制——“制定各工作岗位动作控制卡”	卡			√	√	√	√	√	√																
	19	开展“班组竞赛”活动的策划、组织和实施	赛场					√	√	√	√	√	√														

续表

项目	类别	实施方案	策划类型	3月				4月				5月				6月				7月				8月			
				1周	2周	3周	4周	1周	2周	3周	4周	1周	2周	3周	4周	1周	2周	3周	4周	1周	2周	3周	4周	1周	2周	3周	4周
人力资源管理	◆流程再造，打造横向控制系统																										
	1	起草、研讨、运行“员工奖罚基金管理办法”	制度					√	√	√	√	√	√	√	√	√	√	√	√	√	√	√	√	√	√	√	√
	2	起草、研讨、运行“行政奖罚管理制度”	制度								√	√	√	√	√	√	√	√	√	√	√	√	√	√	√	√	√
	3	起草、研讨、运行“问责制”	制度									√	√	√	√	√	√	√	√	√	√	√	√	√	√	√	√
	4	起草、研讨、运行“数据管理制度”	制度			√	√	√	√																		
	5	起草、研讨、运行“生产中心考核管理制度”	制度					√	√	√	√	√	√	√	√	√	√	√	√	√	√	√	√	√	√	√	√
	6	起草、研讨、运行“赔偿管理制度”	制度												√	√	√	√	√	√	√	√	√	√	√	√	√
品质技术管理	◆流程再造，打造横向控制系统																										
	1	品质部对制程产品的控制——“制程产品检验作业流程”	流程		√	√	√	√	√																		
	2	品质部对品质的控制——“制程产品检验控制卡”	卡			√	√	√	√																		

续表

项目	类别	实施方案	策划类型	3月				4月				5月				6月				7月				8月			
				1周	2周	3周	4周	1周	2周	3周	4周	1周	2周	3周	4周	1周	2周	3周	4周	1周	2周	3周	4周	1周	2周	3周	4周
品质技术管理	3	稽核中心对制程产品的控制——“制程产品检验稽核卡”	卡			√	√	√	√	√	√																
	4	品质部对品质的控制——“成品检验作业流程”	流程			√	√	√	√	√	√																
	5	品质成品检验分段制约分析会	会场			√	√	√	√	√	√																
	6	品质部对品质的控制——“成品检验控制卡”	卡			√	√	√	√	√	√																
	7	稽核中心对成品的控制——“成品检验稽核卡”	卡			√	√	√	√	√	√	√															
	8	板房对品质的控制——“生产工艺卡”、技术图纸	卡											√	√	√	√										
	9	品质部对品质的控制——“品质例会制度”	制度									√	√	√	√	√	√	√	√	√	√	√	√	√	√	√	√
	10	品质部对客户投诉的控制——“客户投诉处理作业流程”	流程											√	√	√	√										
	11	稽核中心对技术资料的管理的控制——“技术资料管理办法”	制度					√	√	√	√	√	√	√	√	√	√	√	√	√	√	√	√	√	√	√	√

续表

项目	类别	实施方案	策划类型	3月				4月				5月				6月				7月				8月			
				1周	2周	3周	4周	1周	2周	3周	4周	1周	2周	3周	4周	1周	2周	3周	4周	1周	2周	3周	4周	1周	2周	3周	4周
优化、固化与总结	◆稽核与总结，将管理模式化																										
	1	开展稽核活动，优化稽核方法	教场				√	√	√	√	√	√	√	√	√	√	√	√	√	√	√	√	√	√	√	√	√
	2	修正、完善与补充各关键流程控制卡、作业流程	流程															√	√	√	√	√	√	√	√	√	√
	3	总结各类活动，修正重要活动方案	教场															√	√	√	√	√	√	√	√	√	√
	4	开展部门间交流活动	交场											√	√			√	√			√	√				
	5	管理变革总结表彰大会	心场				√				√				√				√				√				√

附录四 “会议管理制度”

会议管理制度

1. 目 的

为提高会议的质量和效率，规范与会议有关的事项，特制定本制度。

2. 范 围

管理变革周例会。

3. 职 责

3.1 会议召集人。

3.1.1 确定会议主题；

3.1.2 确定会议主持人、参加人员。

3.2 会议主持人。

3.2.1 确定会议通知人、记录人；

3.2.2 确定会议议程；

3.2.3 准时召开会议，控制会议节奏与时间，把握会议重点不偏离主题；

3.2.4 确保会议不受干扰，主动处理解决干扰会议行为，例如：窃窃私语、故意刁难、恶意攻击、逃避责任、急于了事和专横自大等；

3.2.5 平衡发言，发挥群体力量，确保与会人员充分发表意见；

3.2.6 善用群体专长，增加每位与会人员对会议结论的支持；

3.2.7 会议召开时间及议程变更的事前协调；

3.2.8 会议纪律的监督、违规行为的处理；

3.2.9 会议记录的签核；

3.2.10 会议决议的跟进执行。

3.3 会议通知人。

3.3.1　例行会议，不用发出会议通知（除临时变更外）；

3.3.2　专题会议，以“通知签到表”的方式通知参加会议人员；若参会人员不在公司，打电话通知开会的主题、时间和地点，并让对方口头确认你的通知内容，或发书面信息，使参会人员知悉你的通知内容；

3.3.3　会议开始前，准备会议资料，并分发到相关与会人员；

3.3.4　与会人员如发生异常状况不能参加会议，须提前10分钟知会会议主持人；

3.3.5　会议因故取消或延迟，须提前10分钟通知相关人员，紧急情况除外。

3.4　会议记录人。

3.4.1　提前10分钟做好会场准备，会议结束后及时整理会场；

3.4.2　组织与会人员签到，发放并收回“通知签到表”，在会议正式开始前向会议主持人报告会议缺席情况；

3.4.3　负责记录会议内容，涉及公司机密的数据、议案，根据主持人或发言人要求，不做记录；

3.4.4　会议结束后1个工作日内，整理完成会议记录、决议，报主持人审核、签字并发至各相关部门或相关责任人；

3.4.5　会议结束时公布违规情况，并做好违规乐捐记录。

3.5　参会人员。

3.5.1　事前准备相关会议资料和发言准备；

3.5.2　准时参加会议，因生产工作原因，临时遇突发事件导致不能准时参加会议或缺席会议的，须提前向会议主持人请假，并征得同意后委派职务代理人参加，委派职务代理人参加会议须经过主持人的同意；

3.5.3　紧急会议在会后4个工作小时内向下属及时传达会议精神，非紧急会议通过部门例会或其他形式向下属传达会议精神（是否紧急会议由主持人会上宣布确定）；

3.5.4　依照会议决议的规定，执行会议决议。

4. 会议纪律

4.1　与会人员参加会议时应带记录本、笔及会议相关资料，并提前做好发言准备；

4.2　与会人员应提前5分钟到达会场完成签到入座，做好会议准备；

4.3　会议期间，将手机关机或调为振动（但不可以放在桌上产生振动声响）状态；

4.4　会议期间，禁止吸烟、吃零食；

4.5　会议期间，禁止接听电话，如遇紧急来电必须接听时，应先知会主持人同意后离场接听；

4.6　与会人员遇突发事件急需离场处理时，应知会主持人同意；

4.7　会议期间，未经主持人许可，不许交头接耳、随意走动、大声喧哗或处理与会议无关事宜；

4.8　需要发言或提问时，应举手征得主持人同意后方可发言或在主持人的安排下发言。

5. 管理约定

5.1　会议迟到，每次为员工基金乐捐30元；

5.2　旷会，每次为员工基金乐捐50元；

5.3　未经会议主持人同意私自早退会议的，以旷会论处；

5.4　未按期完成会议决议且未提前向主持人申请或申请未得到主持人同意的，每逾期1个工作日乐捐10元/项；

5.5　在会议上有骂人、拍桌子、扔物品、中途恶意离场及其他严重扰乱会议秩序行为者，视情节轻重，处责任人为员工基金乐捐100～500元/次；

5.6　所有乐捐由会议记录人开具“乐捐单”交责任人签名确认后，由会议记录人将相关联转财务部和当事人，拒不当场签认的，双倍处理；

5.7　违反本制度其他规定的，一律处以责任人为员工基金乐捐10元/次。

6. 相关表单

6.1　“通知/签到表”。

6.2　“会议记录表”。

6.3　“会议一览表”。

6.4　“奖捐单”。

通知/签到表

□会议□培训

名称				主持（讲）人	
主题					
时　间				地　点	
通 知 人				记录人	
所需器材				责任部门	
部门/职务	收悉签名	到会签名	部门/职务	收悉签名	到会签名

续表

名称				主持（讲）人	

会议记录表

会议名称		主持人	
时 间		地 点	
记录人		抄 送	
列 席		缺席人员	
参加人员		应到人数	人
		实到人数	人
会议记录（可另附页）			
发言人	发言概要		

续表

会议名称			主持人			
会议决议						
序号	决议事项	完成时间	责任人	签名	跟踪人	跟踪结果
1						
2						
3						
4						
5						
6						
7						
8						
9						
奖捐记录						
主持人确认		日期				

例行会议一览表

序号	会议名称	会议时间	主持人	参会人员	会议主要内容	会议地点	记录人	备注
1	管理变革例会	周二16：00－18：00	项目组长 总经理	管理变革领导小组全体成员	1. 本周管理变革、经营管理、稽核工作总结 2. 下周管理变革、经营管理、稽核工作计划	会议室	主持人指定	
2	生产协调会	周一至周六 10：00－11：00	PMC 部经理	稽核办、生产部、品管部、技术部、设备部、PMC 部负责人及相关人员	1. 计划达成情况总结 2. 下发计划任务 3. 异常情况协调处理	会议室	主持人指定	
3	品质月例会	每月3号 16：30－17：30	品管部经理	稽核办、营销部、生产部、技术部、PMC 部、采购部负责人及相关人员	1. 上月主要质量问题通报 2. 上月质量问题分析、对策 3. 下月质量问题控制、预防	会议室	主持人指定	
4	稽核例会	每月15、30号 16：00－17：00	稽核主任	稽核办全体成员及稽核办指定参加人员	1. 上半月稽核情况总结 2. 下关月稽核任务安排 3. 稽核问题控制、预防	会议室	主持人指定	

续表

序号	会议名称	会议时间	主持人	参会人员	会议主要内容	会议地点	记录人	备注
5	班组会	班前 10 分钟 召开频率由部门负责人确定	主管/组长	本班组全体成员	1. 清点人数，士气整顿 2. 前日工作总结、检讨 3. 今日工作任务安排、上级精神传达	车间现场	主持人指定	
6	部门周例会	设备部每周六下午 19：00～20：00 生产部每周三班前会 技术品质班前会	部门负责人	部门负责人确定	1. 本周工作计划达成情况、工作总结 2. 下周工作计划 3. 异常情况协调处理	部门自定	部门负责人确定	会议记录报稽核办备案
7	全体员工大会	不定期	总经理	全体员工	公司经营管理重大情况、政策通报、动员	饭堂	主持人指定	

表单：GZ－RL－WI－003－03A

奖/捐单

时间		责任部门		责任人		职务	
奖/捐事实、依据及结果：							
责任人		责任人直接上司		稽核员或开单者		稽核办主任	
说明	1. 此单一式四联，1 联白联稽核办，2 联绿联人力资源部，3 联红联财务部，4 联黄联交责任人 2. 此单由稽核办成员或员工现场开单，经责任人和其直接上司签字后转稽核办主任审核后转人力资源部发通告						

附录五 “会议记录表”样板

会议记录表

<table>
<tr><td>会议名称</td><td>文件培训考试及试运行作业控制卡研讨</td><td>主持人</td><td></td></tr>
<tr><td>时 间</td><td>2014 年 8 月 23 日上午 8：50～9：30</td><td>地 点</td><td>车间会议室</td></tr>
<tr><td>记录人</td><td></td><td>抄 送</td><td></td></tr>
<tr><td>列 席</td><td></td><td>缺席人员</td><td></td></tr>
<tr><td>参加人员</td><td colspan="3"></td></tr>
<tr><td colspan="4">会议记录（可另附页）</td></tr>
<tr><td>发言人</td><td colspan="3">发言内容</td></tr>
<tr><td></td><td colspan="3">研讨内容如下：
文件内容：文件负责人在收到稽核办文控员下发的受控文件后，在 3 个工作日内依下述要求完成培训及考试。
品管部部长、设备部部长提出：
1. 由 3 个工作日延长至 6 个工作日；
2. 文件内容：负责主导整个培训（如培训通知、会场准备、培训记录等）和考试（如制作试卷、阅卷、补考等）。
设备部部长提出：
现场员工培训方式及培训委托增加：
①现场员工可采用文件传阅签名培训方式；
②现场员工可由文件负责人委托班长代为培训。
PMC 部计划员提出：
员工文化素质不高，考试要增加问答方式，问答考试时可由主考官代。
PMC 部部长提出：
试题由项目组或稽核办出题，阅卷由稽核办完成。
品管部部长：
增加文件负责人请假时的规定：
①文件负责人可向上级主管申请延后，并知会至稽核办；
②文件负责人也可委托他人负责培训。</td></tr>
</table>

续表

<table>
<tr><td colspan="6">会议决议</td></tr>
<tr><td>序号</td><td>决议事项</td><td>完成时间</td><td>责任人</td><td>跟踪人</td><td>跟踪结果</td></tr>
<tr><td>1</td><td></td><td></td><td></td><td></td><td></td></tr>
<tr><td>2</td><td></td><td></td><td></td><td></td><td></td></tr>
<tr><td>3</td><td></td><td></td><td></td><td></td><td></td></tr>
<tr><td>4</td><td></td><td></td><td></td><td></td><td></td></tr>
<tr><td>5</td><td></td><td></td><td></td><td></td><td></td></tr>
<tr><td>奖捐记录</td><td colspan="5"></td></tr>
<tr><td>主持人确认</td><td colspan="2"></td><td>日期</td><td colspan="2"></td></tr>
</table>

附录六 “流程意见收集管理制度”

流程意见收集管理制度

1. 目的

为使公司推行之流程（此流程包含制度，以下流程都包含制度）更具可操作性及可执行性，明确流程主导部门及流程涉及部门在书面研讨中的责任，更真实地收集相关意见与建议，使流程在定稿前达成共识，特制订本制度。

2. 定义

流程主导部门：是指流程推行、监督及维护的部门。

流程涉及部门：是指流程在运行中与之相关的部门。

3. 职责与义务

3.1　主导部门负责流程文件的拟稿、编写、初审，以书面（或者电子文档）形式将初稿及“流程书面意见收集表”至少在规定回复时间前3个工作日发放各涉及部门，收集各部门的合理意见及建议，并组织开展会议研讨。

3.2　涉及部门在接收流程文件初稿后，必须在规定的时间内认真阅读，与其部门相关的条款，必须依据现有条件验证其可执行性，验证后将其意见及建议真实地填写在“流程书面意见收集表”中，以便主导部门对流程更快地定稿运行。

4. 乐捐奖励约定

4.1　流程主导部门负责人未按要求发放流程及“流程书面意见收集表”的，乐捐责任人10元/次。

4.2　流程涉及部门负责人未按“要求回复时间”书面回复意见或建议的，乐捐责任人10元/次；或者是书面回复“没有意见或建议”的，乐捐责任人10元/次。

4.3　流程主导部门的负责人未征求流程涉及部门负责人提出的合理意见及建议且没有达成共识而私自定稿运行者，乐捐主导部门的负责人30元/次。

4.4　涉及部门负责人在书面研讨过程中敷衍了事，根本不做任何回复的，在流程运行过程中再提出做不到或拒绝执行经查证属实的，乐捐责任人50元/次。

4.5　任何部门人员如有发现其他部门人员违反该管理规定中的条款的，有权提出稽核申请，并对核实的申请进行奖励50元/次。

4.6　以上捐款及奖励活动由稽核办监督执行，支付款项将纳入员工福利基金账目。

流程书面意见收集表

研讨流程名称：	
流程发出部门：	发出部门负责人：
流程接收部门：	接收部门负责人：
要求回复时间：	回复接收人：
序号	意见及建议

附录七 “流程封面、封页”“文件培训考试及试运行作业控制卡”“文件试运行检查表”、“文件考试及试运行作业控制卡试卷”

流程封面

公司名称　　　　　　　　　　　　　　　　　　　　　　管理文件

文件名称

文件编号：

版本状态：

受控状态：受控　□非受控

分发编号：

公司 Logo	文件研讨执行规则	文件编号：	
		制订日期：	
		版次：	页码：

拟制/日期	审核/日期	批准/日期

2014 年　月　日发布　　　　　　　　2014 年　月　日实施

流程封页

修订记录

序号	版次	修订内容	修订日期	修订者
1	A/0	初次发行		

	1	2	3	4	5	6	7	8
部门								
会签								
分发份数								

批准		审核		拟制	

文件培训考试及试运行作业控制卡

<table>
<tr><td>广州市 DSSK 科技有限公司</td><td>文件编号</td><td>GZ-JH-WI-004</td></tr>
<tr><td rowspan="3">文件培训考试及试运行作业控制卡</td><td>文件版本</td><td>A/0</td></tr>
<tr><td>生效日期</td><td>2014 年 8 月 23 日</td></tr>
<tr><td>页　码</td><td>第 1 页　共 3 页</td></tr>
<tr><td colspan="3">注：
1. 此份为试运行文件，该控制卡负责人为稽核办主任，主要职责是维护流程/制度的运行、检查、培训指导、问题点收集、处理。
2. 若在运行过程中遇到运作不畅等情况时，请及时知悉老师指导。
3. 运行过程中若同变革前文件有冲突时，一律依本文件执行。</td></tr>
</table>

编制/文件更改一览表

<table>
<tr><td colspan="2">版本</td><td colspan="2">编制/更改内容</td><td>日期</td><td colspan="7">编制/更改人</td></tr>
<tr><td colspan="2">A/0</td><td colspan="2">新版发行</td><td>2014 年 8 月 23 日</td><td colspan="7">张三</td></tr>
<tr><td colspan="2"></td><td colspan="2"></td><td></td><td colspan="7"></td></tr>
<tr><td colspan="2"></td><td colspan="2"></td><td></td><td colspan="7"></td></tr>
<tr><td rowspan="2">评审栏</td><td>部门</td><td>稽核办</td><td>铸造副总经理</td><td>PMC 部</td><td>生产部</td><td>技术部</td><td>品管部</td><td>设备部</td><td>人力资源部</td><td>营销部</td><td></td></tr>
<tr><td>会签</td><td></td><td></td><td></td><td></td><td></td><td></td><td></td><td></td><td></td><td></td></tr>
<tr><td colspan="3">广州××企业管理研究所项目负责人</td><td colspan="3"></td><td colspan="3">广州 DSSK 科技有限公司总经理</td><td colspan="3"></td></tr>
</table>

项目	失控点	失控后果描述	控制点设计精要
1	无及时培训和考试	文件作业者无及时培训和考试，导致其不清楚文件或不理解文件，试运行效果差	标准： 1. 文件负责人在收到稽核办文控员下发的受控文件后，在6个工作日内依下述要求完成培训及考试 A. 负责主导整个培训（如培训通知、会场准备、培训记录等，现场员工可采用文件传阅签名培训方式；现场员工可由文件负责人委托班长代为培训）和考试（不及格者安排补考，考试可采用笔试或问答方式，问答考试时可由主考官代笔，稽核办负责制作试卷、阅卷） B. 培训和考试的对象为文件中明确列明的部门、岗位 C. 完成培训和考试后的1个工作日内将培训记录交至文控员归档、并将试卷交予稽核办主任阅卷 D. 文件负责人若不能在指定时间完成培训及考试的，必须向上级主管申请延后，并知会至稽核办 2. 文控员将培训记录和试卷附在文件的后面存档管理
			制约： 1. 各部门负责人监督文件负责人有无按标准进行培训和考试，发现异常及时处理 2. 文件负责人的上级主管督导和指导文件负责人按标准进行培训和考试，发现异常及时处理 3. 稽核员监督文件负责人有无按标准进行培训和考试，发现异常及时处理 4. 稽核办依上述标准不定期抽查文件负责人和文控员有无按标准作业，发现异常及时处理
			责任： 1. 文件负责人未在文件下发后的6个工作日内完成培训及考试的，每逾期1个工作日，向员工基金乐捐10元 2. 文件下发后，10个工作日后未完成培训及考试的，每逾期1个工作日，文件负责人的上级主管向员工基金乐捐50元，直至文件培训和考试结束 3. 其他未按上述要求作业的，责任人向员工基金乐捐5元/次

续表

项目	失控点	失控后果描述	控制点设计精要
项目	失控点	失控后果描述	控制点设计精要
2	文件试运行时文件负责部门无及时检查	文件试运行时文件负责部门无及时检查，造成不能及时对文件的试运行效果做出正确的评价，也不能提供客观的证据证明文件的正确合理或不正确不合理	标准： 1. 文件负责人制作“文件试运行检查表”，在文件试运行期间每周至少检查并记录1次文件的试运行情况，具体如下： A. 文件在培训考试后1个工作日后开始试运行；文件试运行期最短不得小于15天，但最长不得大于60天 B. “文件试运行检查表”须包括：检查日期、检查项目、被检查人、现状描述、判定结果、处理方式、被检查人确认签名等关键项目 2. 文件负责人在文件试运行期间，主导和收集执行者对文件的意见（包括同意和不同意的）并填写在“文件试运行检查表”的备注栏中，同时在文件试运行结束后的3个工作日内就不同意见的文件重新组织研讨和定稿 3. “文件试运行检查表”在文件试运行结束后，交文控员附在文件的后面存档管理
			制约： 1. 文件负责人的上级主管监督和指导文件负责人按上述标准作业，发现异常及时处理 2. 稽核办依上述标准不定期抽查文件负责人和文控员有无按标准作业，发现异常及时处理
			责任： 1. 文件负责人未制作“文件试运行检查表”检查文件的试运行情况的，向员工基金乐捐10元/份 2. 文件负责人未检查文件的试运行情况的，向员工基金乐捐20元/份 3. 文件负责人上级主管发现文件负责人未按要求检查文件试运行却没有指导和督促或处理的，向员工基金乐捐100元/次 4. 其他未按上述要求作业的，责任人向员工基金乐捐5元/次
相关表单			1. “文件试运行检查表”……… GZ－JH－WI－004－01A

文件试运行检查表

广州 DSSK 科技有限公司									
文件试运行检查表									
文件名称	检查日期、时间	检查项目	被检查人	部门	现状描述	判定结果	处理方式	整改完成时间	责任人确认
备注栏（填写执行者对文件的意见，包括同意和不同意的）									
								表单号：GZ－JH－WI－004－01A	

文件培训考试及试运行作业控制卡试卷

部门：　　　　　　　　　　　姓名：　　　　　　　　　　　得分：

一、填空题（共60分，每空5分）

1. 文件负责人在收到稽核办文控员下发的（　　　　　　）后，在（　　　　　　　）工作日内依下述要求完成培训及考试。

2. 文件培训和考试的对象为（　　　　　　　　　　　　　　　）。

3. 完成培训和考试后的（　　　　　）工作日内将培训记录交至（　　　　　）归档，并将试卷交予（　　　　　　　）阅卷。

4.（　　　　　　）监督文件负责人有无按标准进行培训和考试，文件负责人的（　　　　　　）督导和指导文件负责人按标准进行培训和考试。

5. 文件在培训考试后1个工作日后开始试运行；文件试运行期最短（　　　　　），但最长（　　　　　　　）。

6. 文件负责人在文件试运行期间，主导和收集（　　　　　　　）（包括同意和不同意的）并填写在“文件试运行检查表”的备注栏中，同时在文件试运行结束后的（　　　　　　）工作日内就不同意见的文件重新组织研讨和定稿。

二、判断题（共40分，每题10分）

1. 文件负责人因工作繁忙，如：设备故障抢修，不能在指定时间完成培训及考试的，可以直接推后完成培训及考试。（　　）

2. 文件下发后文件负责人在规定时间内未完成培训及考试的，每逾期1个工作日，文件负责人的上级主管向员工基金乐捐10元，直至文件培训和考试结束。（　　）

3. 文件负责人上级主管发现文件负责人未按要求检查文件试运行却没有指导和督促或处理的，向员工基金乐捐50元/次。（　　）

4. 文件的培训、考试及试运行是文件负责人的工作，上级主管可以不去监督。（　　）

附录八　“内部沟通管理制度”内容和“非受控文件发放、接受记录表”

内部沟通管理制度

1. 目的

为了规范沟通，保证沟通顺畅，提高沟通质量和沟通效率，特制定本制度。

2. 适用范围

适用于公司内部门之间的沟通和部门内的沟通（包括岗位之间上下的沟通和岗位之间平行的沟通）。

3. 部门职责

3.1　稽核办：负责检查各岗位担当执行沟通的状况。

3.2　其他职能部门和稽核办：各岗位担当负责按本制度要求的沟通方式执行沟通。

4. 沟通内容和方式

4.1　内部沟通的内容：

4.1.1　顾客满意度的情况；

4.1.2　公司战略目标和质量目标的达成情况；

4.1.3　岗位职责实现所需要的日常工作；

4.1.4　因不合格实施的纠正、纠正措施和预防措施的实施情况；

4.1.5　重大质量事故及顾客重大投诉处理情况；

4.1.6　各项管理实施的效果（如执行力提升、品质、效率、成本等管理成效的情况）。

4.2　沟通方式。

4.2.1　岗位之间因工作需要而实施的日常口头沟通（含电话沟通）。

4.2.2　宣传（内部通告及公司局域网等）。

4.2.3　公司会议、跨部门会议、部门内部会议及一些管理活动。

4.2.4　书面的沟通（如内部通过 Outlook 的沟通、电邮的沟通及文件的传递）。

5. 沟通管理规则

5.1　根据沟通的信息，公司及相关部门选择适宜的沟通方式进行沟通，必要时形成相关的记录。

5.2　采取墙报或内部通告方式进行的沟通，应保存其原始稿件。

5.3　采取非受控文件传递、进行书面方式沟通（如会议记录、部门之间的联络单及表单记录等）的，部门文件发放人员和部门文件接收人员应在“非受控文件发放接收记录表”上签名确认，以示接收。

5.4　公司高层或部门领导采取会议形式进行的沟通，与会人员应签到且遵守会议纪律，并形成和保留会议记录。

5.5　岗位之间上下沟通应遵守的管理规则：

5.5.1　下属对上司负责，不可出现隐瞒不报、汇报错误、报告漏缺和报告迟缓；同时，下属不可不正常地越级向间接上司直接报告（直接上司出差或请假的除外）；

5.5.2　上司可正常越级（如直接下属请假或出差的情况）直接指挥或安排间接下属的工作；

5.5.3　上司不可不正常地越级（如直接下属出勤了又没有出差的情况）直接指挥或安排间接下属工作；

5.5.4　下属可不服从上司不合理或无理的工作安排；

5.5.5　下属必须服从上司合理的工作安排。

5.6　岗位之间平行沟通应遵守的管理规则：

5.6.1　制约岗位（或下道工序）对被制约岗位（或上道工序）负责，工作不可出现不反馈、反馈错误、反馈漏缺和反馈迟缓；

5.6.2　被制约岗位（或上道工序）必须配合制约岗位（或下道工序）提出的合理工作要求；

5.6.3　被制约岗位（或上道工序）可以不配合制约岗位（或下道工序）提出的不合理工作要求或无理要求。

6. 管理约定

6.1　部门之间采取非受控文件传递、进行书面方式沟通（如会议记录、部门之间的联络单及表单记录等）的，部门文件发放人员和部门文件接收人员没有在“非受控文件发放接收记录表”上签名确认表示发放和接收的，发放人和接收人乐捐5元/次。

6.2　公司高层或部门领导采取会议形式进行的沟通，按“会议管理制度”执行。

6.3　发现下属有对上司隐瞒不报的、汇报错误的、报告漏缺的或报告迟缓的，下属分别捐20元/次、15元/次、10元/次和5元/次。造成损失的，按相关制度或流程实行问责。

下属不正常越级报告的，第一次违反，该下属乐捐5元/次，第二次违犯，乐捐10元/次；第三次或以后每次违犯，则依次乘以前一次乐捐金额的2倍，请该责任人乐捐。

6.4　上司不正常地越级直接指挥或安排间接下属工作的，第一次违反，该上司乐捐5元/次，第二次违犯，乐捐10元/次；第三次或以后每次违犯则依次乘以前一次乐捐金额的2倍，请该责任人乐捐。

6.5　下属不服从上司合理工作安排的，按公司或部门相关制度实行问责。

6.6　发现制约岗位（或下道工序）对被制约岗位（或上道工序）在工作方面出现不反馈、反馈错误、反馈漏缺或反馈迟缓的，责任人分别乐捐20元/次、15元/次、10元/次和5元/次。造成损失的，按公司或部门相关制度或流程实行问责。

6.7　被制约岗位（或上道工序）没有配合制约岗位（或下道工序）提出的合理工作要求的，按公司或部门相关制度实行问责。

非受控文件发放、接收记录表

发放日期	发放部门	发放文件名称	发放份数	发放人	接收部门	接收人	接收份数	接收人	备注

附录九　“稽核中心职能”“稽核总监岗位职责”“稽核专员岗位职责”“审计专员岗位职责”“稽核控制卡”“稽核管理制度”“稽核表单”“稽核管理制度考试题”

稽核中心职能

部门名称	稽核中心	上级部门	总经办	上级主管	总经理
下属部门	无	主管岗位	稽核总监	部门代码	
所属岗位	稽核专员、统计专员			岗位编制	3 人
部门目标	通过稽核，有效监督全公司的一切工作的有效性和规范性 监督公司的流程管理、绩效管理及成本控制				
部门职能	1. 根据公司发展需求，组织稽核中心高效运作，完成成本控制及有效监督的任务。 2. 稽核中心代表总经理对各部门、各岗位行使监督权、检查权、奖惩权 3. 稽核检查各部门、各岗位是否按公司各项相关规章制度、程序文件、管理制度、作业流程、岗位说明书等规定进行作业 4. 坚持以公司相关规章制度、程序文件、管理制度、作业流程、岗位说明书等制度规范为准绳，以事实为依据，以纠偏、教育为目的，实事求是，不徇私舞弊、不偏不袒、公正无私 5. 对稽核工作中发现的问题有督导改进和奖罚权 6. 召集被稽核部门和员工参与调查座谈会 7. 公司全面标准化体系和运作机制的健全、完善、推动、执行				
管理权限	1. 代表总经理对各部门、各岗位行使监督权、检查权、奖惩权 2. 对稽核工作中发现的问题有改进督导和奖罚权 3. 相关信息与资源的获取权及其他部门的协同权 4. 对公司经营目标的实施与达成，会议决议执行有稽核权				
管理责任	加强全公司的细节化管理 加强全公司的数据化管理 加强全公司整体流程设计的管理 加强全公司制度的管理				
批准		审核		编制	

稽核总监岗位职责

岗位名称	稽核总监	直接上司	总经理	直接下属	稽核专员、审计专员、文控员
岗位职责	1. 负责组织本部门岗位职责的编制、审核、报批及考核工作 2. 公司质量管理体系和运作机制的健全与完善及 ISO 9001 质量保证体系的推动、执行 3. 以公司相关规章制度、程序文件、管理制度、作业流程、岗位说明书等制度规范为准绳，以事实为依据，以纠偏、教育为目的，实事求是，不徇私舞弊、不偏不袒、公正无私 4. 受理员工重大投诉，并组织相关部门妥善解决 5. 召集被稽核部门和员工参与调查座谈会 6. 稽核工作中发现的问题督导改进 7. 主持稽核中心日常工作，包括稽核例会，稽核专项会议的召开 8. 接收总经理下达的稽核任务，分解稽核任务至稽核专员、审讯专员，并提供工作指导、检查和跟进 9. 总经理交办的其他临时事项				
岗位权限	1. 代表总经理对各部门、各岗位行使监督权、检查权、奖惩权 2. 对稽核工作中发现的问题有督导改进和奖罚权 3. 相关信息与资源的获取权及其他部门的协同权 4. 对员工投诉有核实权 5. 有对直接下级人员调配、奖惩的建议权，任免的提名权和考核评价权 6. 对所属下级的工作有监督、检查权 7. 对公司所有的奖罚纠纷有最终裁决权 8. 本部门预算内的费用使用权				
任职要求	1. 大学专科以上学历 2. 5 年以上管理工作经验 3. 精通企业管理知识，掌握行政管理、法律、财务等相关知识 4. 熟练使用自动化办公软件，具备基本的网络知识及一定的英语应用能力 5. 具很强的判断与决策能力、沟通能力、影响力、计划与执行能力				
考核指标	1. 稽核任务完成率 2. 被投诉次数 3. 流程执行度 4. 文件收发及时率				

稽核专员岗位职责

岗位名称	稽核专员	直接上级	稽核总监	直接下级	无
岗位职责	1. 接受稽核总监工作安排，按“稽核任务书”“稽核时间安排表”，按时完成各项稽核工作任务 2. 以公司相关规章制度、程序文件、管理制度、作业流程、岗位说明书等制度规范为准绳，以事实为依据，以纠偏、教育为目的，实事求是，不徇私舞弊、不偏不袒、公正无私 3. 受理员工投诉，并组织相关部门妥善解决 4. 召集、主持被稽核部门和员工参与调查座谈会 5. 督导改进稽核工作中发现的问题 6. 完成稽核总监交办的其他临时事项				
岗位权限	1. 对各部门、各岗位行使监督权、检查权、奖惩提报权 2. 对稽核工作中发现的问题有改进督导和奖罚提报权 3. 相关信息与资源的获取权及其他部门的管理协同权 4. 对员工投诉有核实权				
任职要求	1. 大学专科以上学历 2. 人力资源管理、工商管理、行政管理等相关专业 3. 熟企业管理知识，行政管理、法律、财务等相关知识 4. 熟练使用自动化办公软件，具备基本的网络知识及一定的英语应用能力 5. 为人正直，处事公正，心胸宽阔				
考核指标	1. 稽核任务达成率 2. 被投诉次数 3. 流程执行度 4. 稽核总监交办事项达成率				

审计专员岗位职责

<table>
<tr><td>岗位名称</td><td>审计专员</td><td>直接上级</td><td>稽核总监</td><td>直接下级</td><td>无</td></tr>
<tr><td>岗位职责</td><td colspan="5">1. 接受稽核总监工作安排，按“稽核任务书”“稽核时间安排表”，按时完成各项稽核工作任务
2. 以公司财务管理制度、程序文件、作业流程、岗位说明书等制度规范为准绳，以事实为依据，审计各种财务及相关部门的数据报表
3. 审计各部门的考核数据
4. 审计各类贪污受贿嫌疑
5. 完成稽核总监交办的其他临时事项</td></tr>
<tr><td>岗位权限</td><td colspan="5">1. 财务及各类数据报表审计权
2. 各考核数据审计权</td></tr>
<tr><td>任职要求</td><td colspan="5">1. 大学专科以上学历
2. 财务会计、法律相关专业
3. 3 年以上工作经验，1 年以上同职工作经验
4. 精通法律、财务等相关知识
5. 熟练使用自动化办公软件，具备基本的网络知识及一定的英语应用能力
6. 具很强的判断力、人际能力、沟通能力、影响力</td></tr>
<tr><td>考核指标</td><td colspan="5">1. 审计财务报表及时性
2. 审计财务报表准确性
3. 审计考核数据及时性
4. 审计考核报表准确性
5. 稽核总监交办事项达成率</td></tr>
</table>

稽核控制卡

1	【客户订单处理作业流程】	8	【制程品质异常处理作业流程】	15	【装配车间制程检验作业流程】	22	【新材料确认作业流程】
2	【生产计划作业流程】	9	【外发加工作业流程】	16	【成品入库检验作业流程】	23	【工程变更作业流程】
3	【采购作业流程】	10	【成品入库作业流程】	17	【成品出库检验作业流程】	24	【模具管理作业流程】
4	【收料作业流程】	11	【成品出库作业流程】	18	【不合格品处理作业流程】	25	【生产设备管理作业流程】
5	【领发料作业流程】	12	【供应商管理作业流程】	19	【客户投诉处理作业流程】	26	【量测仪器管理作业流程】
6	【退补料作业流程】	13	【来料检验作业流程】	20	【客户退货处理作业流程】		
7	【呆滞物料处理作业流程】	14	【五金车间制程检验作业流程】	21	【新产品开发作业流程】		

【客户订单处理作业流程】稽核控制卡

<table>
<tr><td colspan="2">流程制定部门</td><td>PMC 部</td><td>流程负责人</td><td>PMC 部经理</td><td>流程稽核部门</td><td>稽核中心</td><td>流程稽核人</td><td>稽核专员</td></tr>
<tr><td>序号</td><td colspan="2">流程要点</td><td>执行部门</td><td>执行人</td><td colspan="3">稽核要点</td><td>稽核要求</td></tr>
<tr><td>1</td><td colspan="2">客户订单信息初审</td><td>销售部</td><td>业务员</td><td colspan="3">业务员是否对订单中的产品规格、数量、单价进行确认，并在客户原始订单上签字</td><td rowspan="3">稽核频率：
每周一次
信息专递：
流程负责人、流程稽核人将稽核状况记录在“流程执行检查表”中，每周六汇总后交稽核中心总监</td></tr>
<tr><td>2</td><td colspan="2">“客户订单”制定</td><td>销售部</td><td>业务员</td><td colspan="3">业务员是否在 1 个工作小时内将原始订单转化为“客户订单”，并转交 PMC 部</td></tr>
<tr><td>3</td><td colspan="2">“客户订单”评审</td><td>销售部、PMC 部相关部门</td><td>销售部经理、PMC 部经理、相关人员</td><td colspan="3">常规订单：PMC 部经理、销售部经理是否在 4 个工作小时内进行订单评审
非常规订单：PMC 部经理、销售部经理是否在 2 个工作小时内进行订单评审</td></tr>
</table>

续表

<table>
<tr><td colspan="2">流程制定部门　PMC 部</td><td>流程负责人</td><td>PMC 部经理</td><td>流程稽核部门　稽核中心　流程稽核人</td><td>稽核专员</td></tr>
<tr><td>序号</td><td>流程要点</td><td>执行部门</td><td>执行人</td><td>稽核要点</td><td>稽核要求</td></tr>
<tr><td>4</td><td>客户交期回复</td><td>销售部</td><td>业务员</td><td>业务员是否在 2 个工作小时内制作“客户订单资料表”，并传客户确认</td><td rowspan="4"></td></tr>
<tr><td>5</td><td>“客户订单”登录</td><td>PMC 部、销售部</td><td>计划员、业务员</td><td>计划员是否依据“客户订单”在 1 个工作日内制定准确的“生产计划”；业务员是否在 1 个工作日内将“客户订单”登入“客户订单汇总表”，并按照“客户订单汇总表”制订出货计划</td></tr>
<tr><td>6</td><td>客户订单变更</td><td>销售部</td><td>业务员</td><td>业务员在接到客户订单变更信息后，是否在 1 个工作小时内制定“客户订单变更通知单”，经销售部经理审核后转 PMC 部</td></tr>
<tr><td>7</td><td>生产进度跟进及结案</td><td>销售部</td><td>业务员</td><td>业务员是否依据“送货单”进行订单结案</td></tr>
<tr><td colspan="6">备注：
1. 流程负责人：即流程制定部门负责人，负责流程制定、修订、培训，并对流程的执行情况进行稽核；
2. 乐捐规定：“流程稽核人”稽核发现“执行人”未按本流程作业时，依据流程中“乐捐规定”进行乐捐，同时乐捐“流程负责人”5 元/次；
3. 此卡由稽核中心负责制定、修订，呈总经理核准后实施（流程修订时修订此控制卡）。</td></tr>
</table>

【生产计划作业流程】稽核控制卡

<table>
<tr><td colspan="2">流程制定部门</td><td>PMC 部</td><td>流程负责人</td><td>PMC 部经理</td><td>流程稽核部门</td><td>稽核中心</td><td>流程稽核人</td><td>稽核专员</td></tr>
<tr><td>序号</td><td colspan="2">流程要点</td><td>执行部门</td><td>执行人</td><td colspan="3">稽核要点</td><td>稽核要求</td></tr>
<tr><td>1</td><td colspan="2">“生产主计划”制订</td><td>PMC 部</td><td>计划员 PMC 部经理</td><td colspan="3">计划员是否在 1 个工作日内按照评审后的“客户订单”制定“主生产计划”，并交 PMC 部经理审核</td><td rowspan="5">稽核频率：
每周一次
信息专递：
流程负责人、流程稽人将稽核状况记录在“流程执行检查表”中，每周六汇总后交稽核中心总监</td></tr>
<tr><td>2</td><td colspan="2">“生产月计划”/“外发加工计划”制订</td><td>PMC 部</td><td>计划员 PMC 部经理</td><td colspan="3">计划员是否进行详细的排产分析，并制作“生产月计划”，如需外发加工，是否制定“外发加工计划”，并交 PMC 部审核</td></tr>
<tr><td>3</td><td colspan="2">“物流需求计划”制订</td><td>PMC 部</td><td>物控员 PMC 部经理</td><td colspan="3">物控员是否定期依据“生产月计划”，“物料清单”制订“物料需求计划”，交 PMC 部线理审核，PMC 部经理是否在 4 个工作小时内将审核的“物料需求计划”交物控部下发采购部</td></tr>
<tr><td>4</td><td colspan="2">生产周/日计划制订</td><td>PMC 部</td><td>计划员 PMC 部经理</td><td colspan="3">计划员是否定期依据“生产月计划”，“物料清单”在每周六上午 10：00 前制订“生产周计划”，并在每天 16：00 前制定“生产日计划”，交 PMC 部线理审核，PMC 部经理是否在 2 个工作小时内完成审核，并交计划员下发生产部</td></tr>
<tr><td>5</td><td colspan="2">产前准备</td><td>各车间主管仓管员</td><td>各车间主管仓管员</td><td colspan="3">各车间主管是否按“生产周计划”进行产前准备（物料、工艺、人员等）；仓管员是否在上线前 2 天按照“生产周计划”要求发放物料</td></tr>
</table>

续表

流程制定部门	PMC 部	流程负责人	PMC 部经理	流程稽核部门	稽核中心	流程稽核人	稽核专员
序号	流程要点	执行部门	执行人	稽核要点			稽核要求
6	生产计划实施	生产部 PMC 部	各车间主 PMC 部经理	各车间是否严格按“生产周计划”组织员工安排生产；PMC 部经济是否每天召开生产协调会对生产异常进行协调、处理			
7	生产进度跟进及结案	生产部 PMC 部	各车间主管计划员	各车间主管是否每天上午八点前制定“生产日报表”交计划员；计划员是否在 1 个工作小时内根据“生产日报表”登录“生产进度控制表”；计划员是否每 2 个工作小时到车间确认生产计划执行情况			
8	成品/半成品入库	生产部/仓库	生产组长仓管员	生产组长是否将生产好的半成品/成品及时办理入库手续，并在入库后 4 个工作小时内将“半成品入库音”/“成品入库单”交计划员			

备注：

1. 流程负责人：即流程制定部门负责人，负责流程制定、修订、培训，并对流程的执行情况进行稽核；
2. 乐捐规定：“流程稽核人”稽核发现“执行人”未按本流程作业时，依据流程中“乐捐规定”进行乐捐，同时乐捐“流程负责人”5 元/次；
3. 此卡由稽核中心负责制定、修订，呈总经理核准后实施（流程修订时修订此控制卡）。

【采购作业流程】稽核控制卡

<table>
<tr><td colspan="2">流程制定部门</td><td>PMC 部</td><td>流程负责人</td><td>PMC 部经理</td><td>流程稽核部门</td><td>稽核中心</td><td>流程稽核人</td><td>稽核专员</td></tr>
<tr><td>序号</td><td colspan="2">流程要点</td><td>执行部门</td><td>执行人</td><td colspan="3">稽核要点</td><td>稽核要求</td></tr>
<tr><td>1</td><td colspan="2">物料请购</td><td>PMC 部相关部门采购部</td><td>物控员相关部门经理采购员</td><td colspan="3">生产物料：物控员是否制订“物料需求计划”，提出物料申请；非生产物料：相关部门经理是否制订“物料请购单”，提出物料申请；物控员将“物料需求计划”或“物料请购单”转交采购部、仓库、财务部；采购员接到物料请购单要求后是否在 1 个工作日内完成“物料需求计划”或“物料请购单”的审核</td><td rowspan="3"></td></tr>
<tr><td>2</td><td colspan="2">“采购订单”制定</td><td>采购部</td><td>采购员</td><td colspan="3">采购员是否在物料请购单审核后 1 个工作日内制定准确的“采购订单”，连同“物料需求计划”/“物料请购单”一起交采购员部经理审核、总经理审批</td></tr>
<tr><td>3</td><td colspan="2">物料采购</td><td>采购部</td><td>采购员</td><td colspan="3">物料请购审批后，紧急采购订单：采购员是否在 30 分钟内下达供应商；常规采购订单：是否在 2 个工作小时内下达供应商，并要求供应商确认、回传；采购员是否在 4 个工作小时内将供应商确认的“采购订单”信息登入“采购管制表”，并将“采购订单”分发仓库、财务、供应商</td></tr>
</table>

续表

<table>
<tr><td colspan="2">流程制定部门</td><td>PMC 部</td><td>流程负责人</td><td>PMC 部经理</td><td>流程稽核部门</td><td>稽核中心</td><td>流程稽核人</td><td>稽核专员</td></tr>
<tr><td>序号</td><td colspan="2">流程要点</td><td>执行部门</td><td>执行人</td><td colspan="3">稽核要点</td><td>稽核要求</td></tr>
<tr><td>4</td><td colspan="2">采购跟进</td><td>采购部</td><td>采购员</td><td colspan="3">采购员是否依据“采购管制表”进行采购物料进度跟催；采购经理是否定期对采购员的跟催工作进行检查；物控员是否根据“物料需求计划”定期检查采购进度</td><td rowspan="3">稽核频率：
每周一次
信息专递：
流程负责人、流程稽人将稽核状况记录在“流程执行检查表”中，每周六汇总后交稽核中心总监</td></tr>
<tr><td>5</td><td colspan="2">来料验收</td><td>采购部仓库品管部</td><td>采购员
仓管员
来料品管员</td><td colspan="3">急料：采购是否在来料到厂提前 1 个工作小时通知仓库准备收料；仓管员是否对来料数量进行核对，来料品管员是否对来料品质进行验收</td></tr>
<tr><td>6</td><td colspan="2">收料</td><td>仓库</td><td>仓管员</td><td colspan="3">仓管员是否及时填写“材料入库单”，并收料、登卡、入账；仓管员是否在收料后第 2 个工作日上午 9：00 前将“材料入库单”交采购部、PMC 部、财务部</td></tr>
<tr><td colspan="9">备注：
1. 流程负责人：即流程制定部门负责人，负责流程制定、修订、培训，并对流程的执行情况进行稽核；
2. 乐捐规定：“流程稽核人”稽核发现“执行人”未按本流程作业时，依据流程中“乐捐规定”进行乐捐，同时乐捐“流程负责人”5 元/次；
3. 此卡由稽核中心负责制定、修订，呈总经理核准后实施（流程修订时修订此控制卡）。</td></tr>
</table>

【收料作业流程】稽核控制卡

<table>
<tr><td>流程制定部门</td><td>PMC 部</td><td>流程负责人</td><td>PMC 部经理</td><td>流程稽核部门</td><td>稽核中心</td><td>流程稽核人</td><td>稽核专员</td></tr>
<tr><td>序号</td><td>流程要点</td><td>执行部门</td><td>执行人</td><td colspan="3">稽核要点</td><td>稽核要求</td></tr>
<tr><td>1</td><td>供应商送货</td><td>采购部</td><td>采购员</td><td colspan="3">采购员是否要求供应商按照规定填写“送货单”
急料：采购员是否在物料到厂前 1 个工作小时内通知仓库做好收货准备；晚上送货：采购员是否在物料到厂的当天下午下班前通知仓库</td><td rowspan="4">稽核频率：
每周一次
信息专递：
流程负责人、流程稽人将稽核状况记录在“流程执行检查表”中，每周六汇总后交稽核中心总监</td></tr>
<tr><td>2</td><td>核单与送货</td><td>仓库</td><td>仓管员</td><td colspan="3">仓管员是否核对“送货单”与“物料请购单”/“采购订单”（“外发加工订单”）中各项内容是否相符，仓管员是否在“采购订单”上做好收料记录，以备追溯与查核</td></tr>
<tr><td>3</td><td>数量验收与报检</td><td>仓库</td><td>仓管员</td><td colspan="3">仓管员是否在 30 分钟内（急料为 10 分钟）核对实物数量与“送货单”是否一致；核对数量后，仓管员是否将物料放置在待检区；仓管员是否填写“来料报检单”通知来料品管员检验</td></tr>
<tr><td>4</td><td>来料检验</td><td>品管部</td><td>来料品管员</td><td colspan="3">来料品管员是否在收到“来料报检表”后 10 分钟内回复来料检验时间，是否严格按照检验标准对来料进行检验；检验完成后，是否在来料外包装上贴相应的检验标识</td></tr>
</table>

续表

流程制定部门	PMC 部	流程负责人	PMC 部经理	流程稽核部门	稽核中心	流程稽核人	稽核专员
序号	流程要点	执行部门	执行人	稽核要点			稽核要求
5	来料入库	仓库	仓管员	来料检验合格后：仓管员是否在 4 个工作小时内开具“材料入库单”，对检验合格的来料作入库处理；来料检验不合格：仓管员是否将不合格品移至不合格区			
6	卡、账记录	仓库	仓管员	仓管员是否在物料入库后 10 分钟内完成“物料销存卡”记录；仓管员是否在收料当天根据“材料入库单”登录台账			
7	单据处理	仓库	仓管员	仓管员是否根据“材料入库单”制定“每日收货汇总表”，经仓库主任审核后，在次日上午 9：00 前将“材料入库单”转交财务部、采购部、PMC 部			

备注：

1. 流程负责人：即流程制定部门负责人，负责流程制定、修订、培训，并对流程的执行情况进行稽核；
2. 乐捐规定：“流程稽核人”稽核发现“执行人”未按本流程作业时，依据流程中“乐捐规定”进行乐捐，同时乐捐“流程负责人”5 元/次；
3. 此卡由稽核中心负责制定、修订，呈总经理核准后实施（流程修订时修订此控制卡）。

【领发料作业流程】稽核控制卡

<table>
<tr><td>流程制定部门</td><td>PMC 部</td><td>流程负责人</td><td>PMC 部经理</td><td>流程稽核部门</td><td>稽核中心</td><td>流程稽核人</td><td>稽核专员</td></tr>
<tr><td>序号</td><td>流程要点</td><td>执行部门</td><td>执行人</td><td colspan="3">稽核要点</td><td>稽核要求</td></tr>
<tr><td>1</td><td>生产指令下发</td><td>PM 部</td><td>计划员</td><td colspan="3">计划员是否及时下发“生产周计划”、“生产日计划”至生产部各车间，并是否在生产前三天前下发“生产通知单”至生产部各车间</td><td rowspan="6">稽核频率：
每周一次
信息专递：
流程负责人、流程稽人将稽核状况记录在“流程执行检查表”中，每周六汇总后交稽核中心总监</td></tr>
<tr><td>2</td><td>备料</td><td>生产部
仓库</td><td>仓管员</td><td colspan="3">仓管员是否按计划员下发“生产通知单”在上线前 2 个工作日内进行备料，并是否及时将备料情况登录在“物料销存卡”中；若发现“生产通知单”有误，是否及时通知计划员进行修改</td></tr>
<tr><td>3</td><td>物料检查</td><td>仓库</td><td>仓管员</td><td colspan="3">仓管员是否在备料时检查物料与“生产通知单”上的数量、编码是否相符；若物料不够时，仓管员及时填写“欠料单”通知物控部处理</td></tr>
<tr><td>4</td><td>领/发料</td><td>生产部
仓库</td><td>物料员
仓管员</td><td colspan="3">物料员是否至少上线前在 1 个工作日内依据“生产通知单”至仓库领料</td></tr>
<tr><td>5</td><td>物料交接</td><td>仓库
生产部</td><td>仓管员
物料员</td><td colspan="3">仓管员与物料员当面点清物料数量，双方是否在“生产通知单”上签名确认；清单数据有误时，双方修改并签字确认</td></tr>
<tr><td>6</td><td>财务、单据处理</td><td>仓库</td><td>仓管员</td><td colspan="3">仓管员是否按照“生产通知单”中的实际发料数量在当天内登录台账，并将“生产通知单”分发 PMC 部</td></tr>
</table>

备注：

1. 流程负责人：即流程制定部门负责人，负责流程制定、修订、培训，并对流程的执行情况进行稽核；
2. 乐捐规定：“流程稽核人”稽核发现“执行人”未按本流程作业时，依据流程中“乐捐规定”进行乐捐，同时乐捐“流程负责人”5 元/次；
3. 此卡由稽核中心负责制定、修订，呈总经理核准后实施（流程修订时修订此控制卡）。

【退补料作业流程】稽核控制卡

流程制定部门	PMC 部	流程负责人	PMC 部经理	流程稽核部门	稽核中心	流程稽核人	稽核专员
序号	流程要点	执行部门	执行人	稽核要点			稽核要求
1	退料统计	生产部	车间主管 物料员	物料员是否将生产完成后的余料或不良物料按品种、规格进行分类、统计，做好物料标识，并在订单完成后的两个工作日内开具“退补料单”经车间主管审核后交品管员检验；紧急退料：物料员是否在 30 分钟内完成退料作业；车间主管是否在 30 分钟内审核完成“退补料单”上内容与实际退料是否一致			稽核频率： 每周一次 信息专递： 流程负责人、流程稽人将稽核状况记录在“流程执行检查表”中，每周六汇总后交稽核中心总监
2	退料检验	品管部	来料品管员	来料品管员是否对退料进行检验，并将结果记录在“退补料单”上；如属外购物料不合格，来料品管员是否开出“退料检验报告”交品管部经理审核			
3	退补料审批	PMC 部	物控员 PMC 经理	补料审批：物控员是否对“退料补单”进行审批、签字，超额补料的“退补料单”是否经 PMC 部经理审批；退料异常时，PMC 部经理是否组织召开物料检讨会议。			

续表

流程制定部门	PMC 部	流程负责人	PMC 部经理	流程稽核部门	稽核中心	流程稽核人	稽核专员
序号	流程要点	执行部门	执行人	稽核要点			稽核要求
4	退补料处理	生产部 仓库	物料员 仓管员	物料员退料时，是否携带“退补料单”和“退料检验报告”；仓管员是否核对实物与“退补料单”是否相符，并在 1 个工作小时内将退实归入库、登录卡账			
5	账务处理	仓库	仓管员	仓管员是否根据“退补料单”“退料检验报告”于退补料当天登录台账			
6	单据处理	仓库	仓管员	仓管员是否在退补料当天下班前将“退补料单”交仓库主管，并在第 2 个工作日内将经仓库主管审核的“退补料单”转 PMC 部、财务部			

备注：

1. 流程负责人：即流程制定部门负责人，负责流程制定、修订、培训，并对流程的执行情况进行稽核；
2. 乐捐规定：“流程稽核人”稽核发现“执行人”未按本流程作业时，依据流程中“乐捐规定”进行乐捐，同时乐捐“流程负责人”5 元/次；
3. 此卡由稽核中心负责制定、修订，呈总经理核准后实施（流程修订时修订此控制卡）。

【呆滞物料处理作业流程】稽核控制卡

流程制定部门	PMC 部	流程负责人	PMC 部经理	流程稽核部门	稽核中心	流程稽核人	稽核专员
序号	流程要点	执行部门	执行人	稽核要点			稽核要求
1	“呆滞物料清单”提交	仓库部 PMC 部	仓管员 仓库主管 PMC 部经理	仓管员是否在每月底填写“呆滞物料清单”交仓库主管、PMC 部经理分别审核；仓库主管、PMC 部经理是否在 4 个工作小时内完成审核工作，并将“呆滞物料清单”转交品管部			稽核频率： 每周一次 信息专递： 流程负责人、流程稽人将稽核状况记录在“流程执行检查表”中，每周六汇总后交稽核中心总监
2	品质判定	品管部	来料品管员	来料品管员是否在 1 个工作日内对呆滞物料进行复检，并张贴检验标签，同时将检验结果填写在“呆滞物料清单”上			
3	处理判定	呆滞物料处理小组	呆滞物料处理小组小组长/组员	呆滞物料处理小组组长是接到“呆滞物料清单”后 1 个工作日内，组织召开呆滞物料处理会议；呆滞物料处理小组成员是否及时做出呆滞物料处理意见			

续表

<table>
<tr><td colspan="2">流程制定部门</td><td>PMC 部</td><td>流程负责人</td><td>PMC 部经理</td><td>流程稽核部门</td><td>稽核中心</td><td>流程稽核人</td><td>稽核专员</td></tr>
<tr><td>序号</td><td colspan="2">流程要点</td><td>执行部门</td><td>执行人</td><td colspan="3">稽核要点</td><td>稽核要求</td></tr>
<tr><td>4</td><td colspan="2">呆滞物料处理</td><td>责任部门</td><td>责任部经理</td><td colspan="3">责任部门经理是否按照“呆滞物料清单”中处理意见执行；如需报废处理时，仓管员有无开出“报废申请单”交总经理审批</td><td rowspan="4"></td></tr>
<tr><td>5</td><td colspan="2">报废审批</td><td>总经办</td><td>总经理</td><td colspan="3">总经理是否对“报废申请单”进行审批</td></tr>
<tr><td>6</td><td colspan="2">信息处理</td><td>仓库</td><td>仓管员</td><td colspan="3">仓管员是否根据“报废申请单”开具“材料/半成品出库单”，是否在当天内登录台账</td></tr>
<tr><td>7</td><td colspan="2">改善措施</td><td>呆滞物料处理小组</td><td>呆滞物料处理小组组长/组员</td><td colspan="3">呆滞物料处理小组组长是否在呆滞物料处理会议后 3 个工作日内组织小组成员召开呆滞物料研讨分析会，并形成改善措施</td></tr>
</table>

备注：

1. 流程负责人：即流程制定部门负责人，负责流程制定、修订、培训，并对流程的执行情况进行稽核；
2. 乐捐规定：“流程稽核人”稽核发现“执行人”未按本流程作业时，依据流程中“乐捐规定”进行乐捐，同时乐捐“流程负责人”5 元/次；
3. 此卡由稽核中心负责制定、修订，呈总经理核准后实施（流程修订时修订此控制卡）。

【制程品质异常处理作业流程】稽核控制卡

<table>
<tr><td colspan="2">流程制定部门</td><td>PMC 部</td><td>流程负责人</td><td>PMC 部经理</td><td>流程稽核部门</td><td>稽核中心</td><td>流程稽核人</td><td>稽核专员</td></tr>
<tr><td>序号</td><td colspan="2">流程要点</td><td>执行部门</td><td>执行人</td><td colspan="3">稽核要点</td><td>稽核要求</td></tr>
<tr><td>1</td><td colspan="2">异常提出、确认</td><td>相关部门</td><td>相关部门经理</td><td colspan="3">相关部门经理是否在发现异常后在 15 分钟内开出“生产异常联络单”交品管工程师/计划员；相关部门经理是否对生产异常进行现场确认并提处理意见</td><td rowspan="4">稽核频率：
每周一次
信息专递：
流程负责人、流程稽人将稽核状况记录在“流程执行检查表”中，每周六汇总后交稽核中心总监</td></tr>
<tr><td>2</td><td colspan="2">异常原因分析</td><td>品管部
工程技术部
PMC 部</td><td>品管工程师
工艺员
计划员</td><td colspan="3">品质异常：品管工程师、工艺员是否在 2 个工作小时内对异常问题进行原因分析；非品质异常：计划员是否在 2 个工作小时内对异常问题进行原因分析</td></tr>
<tr><td>3</td><td colspan="2">确定责任归属</td><td>品管部
工程技术部
PMC 部</td><td>品管工程师
工艺员
计划员</td><td colspan="3">品质异常：品管工程师、工艺员是否在原因分析时确定异常原因责任归属；非品质异常：计划员是否在原因分析时确定异常原因责任归属</td></tr>
<tr><td>4</td><td colspan="2">改善对策提出</td><td>责任部门</td><td>责任部经理</td><td colspan="3">责任部门经理是否在 2 个工作小时内依据原因分析提出改善对策。</td></tr>
</table>

续表

流程制定部门	PMC 部	流程负责人	PMC 部经理	流程稽核部门	稽核中心	流程稽核人	稽核专员
序号	流程要点	执行部门	执行人	稽核要点			稽核要求
5	改善对策实施	责任部门	责任部门经理	责任部门经理是否按照改善对策实施			
6	效果追踪与结案	品管部 PMC 部	品管工程师 计划员	品质异常：品管工程师是否及时追踪改善对策执行状况并记录 非品质异常：计划中是否及时追踪改善对策执行状况并记录			
7	异常统计分析	品管部 PMC 部	品管工程师 计划员	品质异常：品管工程师是否在每月 5 日前统计上月品质异常数据，并进行分析。非品质异常：计划员是否在每月 5 日前统计上月非品质异常数据，并进行分析			

备注：

1. 流程负责人：即流程制定部门负责人，负责流程制定、修订、培训，并对流程的执行情况进行稽核；
2. 乐捐规定："流程稽核人"稽核发现"执行人"未按本流程作业时，依据流程中"乐捐规定"进行乐捐，同时乐捐"流程负责人"5 元/次；
3. 此卡由稽核中心负责制定、修订，呈总经理核准后实施（流程修订时修订此控制卡）。

【外发加工作业流程】稽核控制卡

流程制定部门	PMC 部	流程负责人	PMC 部经理	流程稽核部门	稽核中心	流程稽核人	稽核专员
序号	流程要点	执行部门	执行人	稽核要点			稽核要求
1	外发加工申请	PMC 部	计划员 PMC 部经理	仓管员是否在每月 20 日前，依据外发加工需求制定下月“外发加工计划”；PMC 部经理是否在接到“外发加工计划”后 2 个工作小时内完成审核工作			
2	“外发加工单”制定	采购部	外协员	外协员是否在按到“外发加工计划”后 1 个工作日内对“外发加工计划”进行审核，并制定“外发加工订单”，经采购部经理审核、总经理核准后，分发仓库、财务部各一份			稽核频率： 每周一次 信息专递： 流程负责人、流程稽人将稽核状况记录在“流程执行检查表”中，每周六汇总后交稽核中心总监
3	物料、资料准备	仓库 PMC 部 采购部	仓管员 计划员 外协员	仓管员是否在外发加工 1 个工作日前根据“外发加工订单”准备好外发加工物料，如出现欠料，是否填报“欠料单”反馈计划员，计划员是否根据“外发加工计划”跟进五金自制件准备情况；外协员是否跟进外发加工所需资料			

续表

<table>
<tr><td>流程制定部门</td><td>PMC 部</td><td>流程负责人</td><td>PMC 部经理</td><td colspan="2">流程稽核部门 | 稽核中心 | 流程稽核人</td><td>稽核专员</td></tr>
<tr><td>序号</td><td>流程要点</td><td>执行部门</td><td>执行人</td><td colspan="2">稽核要点</td><td>稽核要求</td></tr>
<tr><td>4</td><td>外发加工实施</td><td>仓库
采购部</td><td>仓管员
外协员</td><td colspan="2">仓管员是否开具“材料/半成品出库单”“放行条”交仓库主管审核后，交外发厂领料人员签字确认，将物料放行；计划员、外协员是否根据《外发加工计划》“外发进度管制表”跟进外发加工进度</td><td rowspan="4"></td></tr>
<tr><td>5</td><td>外发件验收</td><td>仓库
品管部</td><td>仓管员
来料品管员</td><td colspan="2">仓管员、来料品管员是否按照《收料作业流程》《来料检验作业流程》对外发件数量和品质验收</td></tr>
<tr><td>6</td><td>信息、异常处理</td><td>仓库
采购部</td><td>仓管员
外协员</td><td colspan="2">仓管员是否在 1 个工作日内将“材料入库单”分发 PMC 部、采购部、财务部；变更外发加工内容时，外协员是否开具“外发加工订单变更通知单”经采购部经理核准后处理</td></tr>
<tr><td>7</td><td>后续跟进</td><td>财务部</td><td>财务人员</td><td colspan="2">财务部人员根据“材料/半成品出库单”与“材料入库单”审查物料发出数量与入库数量是否一致</td></tr>
<tr><td colspan="7">备注：
1. 流程负责人：即流程制定部门负责人，负责流程制定、修订、培训，并对流程的执行情况进行稽核；
2. 乐捐规定：“流程稽核人”稽核发现“执行人”未按本流程作业时，依据流程中“乐捐规定”进行乐捐，同时乐捐“流程负责人”5 元/次；
3. 此卡由稽核中心负责制定、修订，呈总经理核准后实施（流程修订时修订此控制卡）。</td></tr>
</table>

【成品出库作业流程】稽核控制卡

<table>
<tr><td colspan="2">流程制定部门</td><td>PMC 部</td><td>流程负责人</td><td>PMC 部经理</td><td>流程稽核部门</td><td>稽核中心</td><td>流程稽核人</td><td>稽核专员</td></tr>
<tr><td>序号</td><td colspan="2">流程要点</td><td>执行部门</td><td>执行人</td><td colspan="3">稽核要点</td><td>稽核要求</td></tr>
<tr><td>1</td><td colspan="2">出货计划制定</td><td>销售部
PMC 部</td><td>业务员
销售部经理</td><td colspan="3">业务员是否在每周五下班前制定下周《出货周计划》，经销售部经理审核，并转交 PMC 部、仓库、品管部、财务部</td><td rowspan="3">稽核频率：
每周一次
信息专递：
流程负责人、流程稽核人将稽核状况记录在“流程执行检查表”中，每周六汇总后交稽核中心总监</td></tr>
<tr><td>2</td><td colspan="2">出货指令下达</td><td>销售部
财务部</td><td>业务员
销售部经理
财务人员</td><td colspan="3">业务员是否根据《出货周计划》在出货前 2 个工作日内开具“出货通知单”“送货单”，并报销售部经理、财务人员审核；销售部经理、财务人员是否在 1 个工作小时内对“送货单”进行审核，并在“送货单”上签字</td></tr>
<tr><td>3</td><td colspan="2">出货前准备</td><td>PMC 部
仓库</td><td>PMC 部经理
仓管员
搬运组长</td><td colspan="3">PMC 部经理是否在出货前 1 个工作日内将审核的“送货单”转交仓管员；PMC 部经理是否在出货前 4 个工作小时通知搬运组长安排好搬运人员；数量不足影响出货出现异常时，仓管员是否反馈 PMC 部经理</td></tr>
</table>

续表

流程制定部门	PMC 部	流程负责人	PMC 部经理	流程稽核部门	稽核中心	流程稽核人	稽核专员
序号	流程要点	执行部门	执行人	稽核要点			稽核要求
4	成品装柜	销售部 仓库	业务员 仓管员 搬运人员	业务员是否在车辆到达后，核对出货产品及其配件、包装箱唛是否正确，核对集装箱号是否与“送货单”一致；核对无误后，通知仓管员装柜			
5	出货放行	仓库 人事部	仓管员 保安	仓管员是否在装完柜后，开具“成品出库单”“旅行条”交司机作为出厂旅行证明；保安是否按照“保安管理制度”进行检查			
6	财务、表单处理	仓库 销售部 财务部	仓管员 业务员 财务人员	仓管员是否根据“成品出库单”制作“成品出入库日报表”，并于当天内登录台账；仓管员是否在当天下午下班前将“成品出入库日报表”交仓库主管审核，并在审核后次日上午9：00 前将“成品出入库日报表”分送 PMC 部、销售部，“成品出库单”送财务部、销售部			

备注：

1. 流程负责人：即流程制定部门负责人，负责流程制定、修订、培训，并对流程的执行情况进行稽核；
2. 乐捐规定：“流程稽核人”稽核发现“执行人”未按本流程作业时，依据流程中“乐捐规定”进行乐捐，同时乐捐“流程负责人”5 元/次；
3. 此卡由稽核中心负责制定、修订，呈总经理核准后实施（流程修订时修订此控制卡）。

【成品入库作业流程】稽核控制卡

<table>
<tr><td>流程制定部门</td><td>PMC 部</td><td>流程负责人</td><td>PMC 部经理</td><td>流程稽核部门</td><td>稽核中心</td><td>流程稽核人</td><td>稽核专员</td></tr>
<tr><td>序号</td><td>流程要点</td><td>执行部门</td><td>执行人</td><td colspan="3">稽核要点</td><td>稽核要求</td></tr>
<tr><td>1</td><td>“成品入库单”填写</td><td>品管部
生产部</td><td>制程品管员
包装负责人
生产组长</td><td colspan="3">制程品管员是否对包装成品进行抽检，并填写“制程检验报告”；包装负责人是否在成品检验合格后将成品摆放整齐，张贴标识，并开具“成品入库单”经生产组长审核后转交品管部</td><td rowspan="4">稽核频率：
每周一次
信息专递：
流程负责人、流程稽人将稽核状况记录在“流程执行检查表”中，每周六汇总后交稽核中心总监</td></tr>
<tr><td>2</td><td>抽检判定</td><td>品管部</td><td>成品品管员</td><td colspan="3">成品品管员是否在接到“成品入库单”后 5 分钟内，根据品质要求对报检产品进行抽检标准判定</td></tr>
<tr><td>3</td><td>成品抽检</td><td>品管部</td><td>成品品管员</td><td colspan="3">成品品管员是否按照《抽样计划》与《成品检验规范》对产品进行抽检，并出具《成品检验报告》，并在“成品入库单”上签字，成品品管员是否在检验完成后 10 分钟内，将《成品检验报告》、“成品入库单”返交包装负责人</td></tr>
<tr><td>4</td><td>成品入库</td><td>生产部</td><td>包装负责人</td><td colspan="3">包装负责人是否安排人员将合格成品连同“成品检验报告”“成品入库单”移至成品指定区域（如紧急出货，直接放至出货区域）</td></tr>
</table>

续表

流程制定部门	PMC 部	流程负责人	PMC 部经理	流程稽核部门	稽核中心	流程稽核人	稽核专员
序号	流程要点	执行部门	执行人	稽核要点			稽核要求
5	核收	生产部 仓库	包装负责人 仓管员	仓管员是否核对实物与“成品入库单”是否相符；仓管员是否在“成品入库单”上签字确认			
6	财务、单据处理	仓库	仓管员	仓管员是否根据“成品入库单”制作“成品出入库日报表”，并于当天内做好成品台账；仓管员是否在当天下午下班前将“成品入库单”“成品出入库日报表”交仓库主管审核，并在审核后次日上午 9：00 前将“成品出入库日报表”分送 PMC 部、销售部，“成品入库单”送财务部			

备注：

1. 流程负责人：即流程制定部门负责人，负责流程制定、修订、培训，并对流程的执行情况进行稽核；
2. 乐捐规定：“流程稽核人”稽核发现“执行人”未按本流程作业时，依据流程中“乐捐规定”进行乐捐，同时乐捐“流程负责人”5 元/次；
3. 此卡由稽核中心负责制定、修订，呈总经理核准后实施（流程修订时修订此控制卡）。

【供应商管理作业流程】稽核控制卡

<table>
<tr><td colspan="2">流程制定部门</td><td>PMC 部</td><td>流程负责人</td><td>PMC 部经理</td><td>流程稽核部门</td><td>稽核中心</td><td>流程稽核人</td><td>稽核专员</td></tr>
<tr><td>序号</td><td colspan="2">流程要点</td><td>执行部门</td><td>执行人</td><td colspan="3">稽核要点</td><td>稽核要求</td></tr>
<tr><td>1</td><td colspan="2">供应商开发</td><td>采购部</td><td>采购部</td><td colspan="3">采购员是否对供应商进行调查，并将调查结果填写于“供应商调查表”上</td><td rowspan="3">稽核频率：
每周一次
信息专递：
流程负责人、流程稽人将稽核状况记录在“流程执行检查表”中，每周六汇总后交稽核中心总监</td></tr>
<tr><td>2</td><td colspan="2">供应商评估</td><td>采购部/PMC部/工程技术部/品管部</td><td>采购部经理/PMC 部经理/工程技术部经理/品管部经理</td><td colspan="3">采购部经理是否主导组织供应商评估小组对供应商进行实地考察、评估，并将结果记录于“供应商现场评估表”中，上报总经理审批</td></tr>
<tr><td>3</td><td colspan="2">供应商登录</td><td>采购部</td><td>采购部经理</td><td colspan="3">采购部经理是否在经过总经理批准后，根据“供应商调查表”与“供应商现场评估表”更新“合格供应商名录”，并将更新后的“合格供应商名录”转人事业行政部受控</td></tr>
</table>

续表

<table>
<tr><td colspan="2">流程制定部门</td><td>PMC 部</td><td>流程负责人</td><td>PMC 部经理</td><td>流程稽核部门</td><td>稽核中心</td><td>流程稽核人</td><td>稽核专员</td></tr>
<tr><td>序号</td><td colspan="2">流程要点</td><td>执行部门</td><td>执行人</td><td colspan="3">稽核要点</td><td>稽核要求</td></tr>
<tr><td>4</td><td colspan="2">供应商日常管理</td><td>采购部</td><td>采购员</td><td colspan="3">采购员是否对供应商的交期、品质及其他异常进行控制</td><td rowspan="3"></td></tr>
<tr><td>5</td><td colspan="2">供应商考核</td><td>采购部/仓库/品管部</td><td>采购员/采购部经理/仓库主管/来料品管员</td><td colspan="3">采购部经理是否每半年对供应商进行一次综合评估，是否根据“供应商交货统计分表”、“供应商品质评分表”更新“供应商评估汇总表”，并交总经理审核后，转人事行政部</td></tr>
<tr><td>6</td><td colspan="2">供应商处理</td><td>采购部</td><td>采购员</td><td colspan="3">采购员是否根据考核结果，对采购订单进行重新分配；是否将不合格的供应商进行更换</td></tr>
<tr><td colspan="9">备注：
1. 流程负责人：即流程制定部门负责人，负责流程制定、修订、培训，并对流程的执行情况进行稽核；
2. 乐捐规定：“流程稽核人”稽核发现“执行人”未按本流程作业时，依据流程中“乐捐规定”进行乐捐，同时乐捐“流程负责人”5 元/次；
3. 此卡由稽核中心负责制定、修订，呈总经理核准后实施（流程修订时修订此控制卡）。</td></tr>
</table>

【来料检验作业流程】稽核控制卡

<table>
<tr><td>流程制定部门</td><td>PMC 部</td><td>流程负责人</td><td>PMC 部经理</td><td>流程稽核部门</td><td>稽核中心</td><td>流程稽核人</td><td>稽核专员</td></tr>
<tr><td>序号</td><td>流程要点</td><td>执行部门</td><td>执行人</td><td colspan="3">稽核要点</td><td>稽核要求</td></tr>
<tr><td>1</td><td>“来料报检单”核对</td><td>品管部</td><td>来料品管员</td><td colspan="3">来料品管员是否核对实物与“来料报检单”上的料号、型号、规格、数量等的一致性，并在“来料报检单”上签字</td><td rowspan="6">稽核频率：
每周一次
信息专递：
流程负责人、流程稽人将稽核状况记录在“流程执行检查表”中，每周六汇总后交稽核中心总监</td></tr>
<tr><td>2</td><td>来料抽样</td><td>品管部</td><td>来料品管员</td><td colspan="3">来料品管员是否按 GB/T2828．1 －2003 抽样标准进行抽样</td></tr>
<tr><td>3</td><td>来料检验</td><td>品管部</td><td>来料品管员</td><td colspan="3">来料品管员是否依据《材料承认报告》与“零部件图纸”、“来料检验规范”、样品等资料进行检验</td></tr>
<tr><td>4</td><td>来料检验判定</td><td>品管部部</td><td>来料品管员</td><td colspan="3">检验不合格时，来料品管员是否及时开出《来料不合格报告》交品管部经理审核后交物控员处理</td></tr>
<tr><td>5</td><td>物料 MRB 评审</td><td>PMC 部</td><td>物控员</td><td colspan="3">接到“来料不合格报告”后，物控员是否在 1 个工作日内处理；如需召开 MRB 会议，物控员是否召集各部门进行 MRB 评审</td></tr>
<tr><td>6</td><td>MRB 决议执行</td><td>仓库
相关部门</td><td>仓管员
相关人员</td><td colspan="3">相关部门是否按 MRB 决议执行，如 MRB 决议为退货时，仓管员是否有开出“材料/半成品出库单”将不合格来料作为退货处理</td></tr>
</table>

续表

流程制定部门	PMC 部	流程负责人	PMC 部经理	流程稽核部门	稽核中心	流程稽核人	稽核专员
序号	流程要点	执行部门	执行人	稽核要点			稽核要求
7	检验记录填写	品管部	来料品管员	来料检验合格时，来料品管员是否开出“来料检验报告”；检验不合格，是否开出“来料检验报告”及“来料不合格报告”；每次检验后是否在“来料检验单”中作记录，并将检验状况如实记录在“来料检验日报”中			
8	物料检验标识	品管部	来料品管员	来料检验后，品管员是否在实物上盖【合格】印章；检验不合格，是否依 MRB 决议在实物上盖【退货】【特采】【挑选】等相应印章			
9	来料不合格 改善与追踪	采购部	采购员	品管员是否将处理好的“来料不合格报告”在 4 个工作小时内交采购部、仓管员；采购员是否在 1 个工作日内交“来料不合格报告”传真给供应商，并要求供应商回复改善措施			

备注：
1. 流程负责人：即流程制定部门负责人，负责流程制定、修订、培训，并对流程的执行情况进行稽核；
2. 乐捐规定：“流程稽核人”稽核发现“执行人”未按本流程作业时，依据流程中“乐捐规定”进行乐捐，同时乐捐“流程负责人”5 元/次；
3. 此卡由稽核中心负责制定、修订，呈总经理核准后实施（流程修订时修订此控制卡）。

【五金车间制程检验作业流程】稽核控制卡

<table>
<tr><td colspan="2">流程制定部门</td><td>PMC 部</td><td>流程负责人</td><td>PMC 部经理</td><td>流程稽核部门</td><td>稽核中心</td><td>流程稽核人</td><td>稽核专员</td></tr>
<tr><td>序号</td><td colspan="2">流程要点</td><td>执行部门</td><td>执行人</td><td colspan="3">稽核要点</td><td>稽核要求</td></tr>
<tr><td>1</td><td colspan="2">产前准备</td><td>生产部</td><td>生产组长</td><td colspan="3">生产组长是否按五金车间“生产周计划”“生产日计划”组织操作工做好“人、机、料、法、环”等产前准备</td><td rowspan="4">稽核频率：
每周一次
信息专递：
流程负责人、流程稽人将稽核状况记录在“流程执行检查表”中，每周六汇总后交稽核中心总监</td></tr>
<tr><td>2</td><td colspan="2">生产材料确认</td><td>生产部</td><td>生产组长</td><td colspan="3">生产前，生产组长是否依“产品工艺图纸”及五金车间“生产日计划”对生产物料规格、型号进行确认</td></tr>
<tr><td>3</td><td colspan="2">首件自检</td><td>生产部</td><td>生产组长</td><td colspan="3">生产组长是否按“作业指导书”“产品工艺图纸”进行首件自检并在“首件自检表”上签名确认，首件自检不合格时是否及时纠正、处理</td></tr>
<tr><td>4</td><td colspan="2">首件检查</td><td>生产部</td><td>制程品管员</td><td colspan="3">制程品管员是否按“检验工程表”要求对报检的首件进行检查、封样并在“首件检验表”上签名确认，首件检查不合格时，是否要求操作工重做或返工</td></tr>
</table>

续表

流程制定部门	PMC 部	流程负责人	PMC 部经理	流程稽核部门	稽核中心	流程稽核人	稽核专员
序号	流程要点	执行部门	执行人	稽核要点			稽核要求
5	工序互检	生产部	操作工	操作工是否按要求对上工序流入的产品进行互检，产品批量品质不良是否及时上报生产组长或制程品管员			
6	制程互检	品管部	制程品管员	制程品管员是否每 2 个工作小时对各工序进行巡查，并按要求填写“巡检记录表”			
7	制程品质异常处理	品管部	制程品管员	制程出现批量品质异常时，制程品管员是否及时开具“制程品质异常报告”进行处理			
8	工序交接 产品入库	生产部	操作工 物料员	物料员是否将未检验或未经制程品管员检验合格的产品转序或入库			

备注：

1. 流程负责人：即流程制定部门负责人，负责流程制定、修订、培训，并对流程的执行情况进行稽核；
2. 乐捐规定：“流程稽核人”稽核发现“执行人”未按本流程作业时，依据流程中“乐捐规定”进行乐捐，同时乐捐“流程负责人”5 元/次；
3. 此卡由稽核中心负责制定、修订，呈总经理核准后实施（流程修订时修订此控制卡）。

【装配车间制程检验作业流程】稽核控制卡

<table>
<tr><td>流程制定部门</td><td>PMC 部</td><td>流程负责人</td><td>PMC 部经理</td><td>流程稽核部门</td><td>稽核中心</td><td>流程稽核人</td><td>稽核专员</td></tr>
<tr><td>序号</td><td>流程要点</td><td>执行部门</td><td>执行人</td><td colspan="3">稽核要点</td><td>稽核要求</td></tr>
<tr><td>1</td><td>产前准备</td><td>生产部</td><td>生产组长</td><td colspan="3">生产组长是否按“生产通知单”组织操作工做好“人、机、料、法、环”等产前准备</td><td rowspan="4">稽核频率：
每周一次
信息专递：
流程负责人、流程稽人将稽核状况记录在“流程执行检查表”中，每周六汇总后交稽核中心总监</td></tr>
<tr><td>2</td><td>生产材料确认</td><td>生产部
品管部</td><td>生产组长
制程品管员</td><td colspan="3">生产组长是否依“生产通知单”对生产物料规格、型号进行确认，并在“生产通知单”上确认签字</td></tr>
<tr><td>3</td><td>首件自检</td><td>生产部</td><td>生产组长</td><td colspan="3">生产组长是否按“装配车间检验工程表”进行首件自检并在“首件自检表”上签名确认，首件自检不合格时是否及时纠正、处理</td></tr>
<tr><td>4</td><td>首件检查</td><td>生产部
品管部</td><td>操作工/生产组长/制程品管员</td><td colspan="3">关键工序首件是否经生产组长、制程品管员确认，装配最终工序是否经操作工、装配组长、制程品管员三方确认，并在“首件检验表”上签名确认</td></tr>
</table>

续表

流程制定部门	PMC 部	流程负责人	PMC 部经理	流程稽核部门	稽核中心	流程稽核人	稽核专员
序号	流程要点	执行部门	执行人	稽核要点			稽核要求
5	制程互检	品管部	制程品管员	制程品管员是否每 1 个工作小时对各工序进行巡查，并按要求填写“装配车间巡检记录表”；制程品管员是否对装配最后一道工序产品进行全检，并将检验结果记录于“装配车间质量记录表”上			
6	制程品质异常处理	品管部	制程品管员	制程出出批量品质异常时，制程品管员是否及时开具“制程品质异常报告”进行处理			
7	产品入库	生产部	生产组长	生产组长是否将未检验或未经制程品管员检验合格的产品转序或入库			

备注：

1. 流程负责人：即流程制定部门负责人，负责流程制定、修订、培训，并对流程的执行情况进行稽核；
2. 乐捐规定：“流程稽核人”稽核发现“执行人”未按本流程作业时，依据流程中“乐捐规定”进行乐捐，同时乐捐“流程负责人”5 元/次；
3. 此卡由稽核中心负责制定、修订，呈总经理核准后实施（流程修订时修订此控制卡）。

【成品入库检验作业流程】稽核控制卡

<table>
<tr><td>流程制定部门</td><td>PMC 部</td><td>流程负责人</td><td>PMC 部经理</td><td>流程稽核部门</td><td>稽核中心</td><td>流程稽核人</td><td>稽核专员</td></tr>
<tr><td>序号</td><td>流程要点</td><td>执行部门</td><td>执行人</td><td colspan="3">稽核要点</td><td>稽核要求</td></tr>
<tr><td>1</td><td>成品检验</td><td>生产部</td><td>包装负责人
生产组长</td><td colspan="3">成品报检前是否经制程品管员检验合格；报检时包装负责人是否开具“成品入库单”并经生产组长审核后转成品品管员</td><td rowspan="4">稽核频率：
每周一次
信息专递：
流程负责人、流程稽人将稽核状况记录在“流程执行检查表”中，每周六汇总后交稽核中心总监</td></tr>
<tr><td>2</td><td>检前准备</td><td>品管部</td><td>成品品管员</td><td colspan="3">成品检验前成品品管员是否准备好《抽样计划》、“成品检验规范”、检验工具、资料、记录表单等</td></tr>
<tr><td>3</td><td>成品抽样</td><td>品管部</td><td>成品品管员</td><td colspan="3">成品品管员是否按《抽样计划》、“成品检验规范”对产品进行抽样</td></tr>
<tr><td>4</td><td>成品检验</td><td>品管部</td><td>成品品管员</td><td colspan="3">成品品管员是在 4 个工作小时内按“成品检验规范”对成品进行检验；检验后是否在 2 个工作小时内填写“成品检验报告”</td></tr>
</table>

续表

流程制定部门	PMC 部	流程负责人	PMC 部经理	流程稽核部门	稽核中心	流程稽核人	稽核专员
序号	流程要点	执行部门	执行人	稽核要点			稽核要求
5	检验结果审核	品管部	品管部经理	品管部经理是否根据不合格情况及时对不合格品进行判定，并将结果交成品品管员处理			
6	成品入库	生产部	包装负责人 成品仓管员	包装负责人是否按“成品入库作业检验流程”对检验合格的产品作入库处理，并在“成品入库单”上签字确认；成品仓管员是否将未检验或检验不合格的产品直接入库			
7	不合格品处理	相关部门	相关人员	相关人员是否按“不合格品处理作业流程”对不合格产品进行处理。			

备注：

1. 流程负责人：即流程制定部门负责人，负责流程制定、修订、培训，并对流程的执行情况进行稽核；
2. 乐捐规定：“流程稽核人”稽核发现“执行人”未按本流程作业时，依据流程中“乐捐规定”进行乐捐，同时乐捐“流程负责人”5 元/次；
3. 此卡由稽核中心负责制定、修订，呈总经理核准后实施（流程修订时修订此控制卡）。

【成品出库检验作业流程】稽核控制卡

<table>
<tr><td>流程制定部门</td><td>PMC 部</td><td>流程负责人</td><td>PMC 部经理</td><td>流程稽核部门</td><td>稽核中心</td><td>流程稽核人</td><td>稽核专员</td></tr>
<tr><td>序号</td><td>流程要点</td><td>执行部门</td><td>执行人</td><td colspan="3">稽核要点</td><td>稽核要求</td></tr>
<tr><td>1</td><td>出货通知</td><td>销售部</td><td>业务员</td><td colspan="3">业务员是否在出货前 1 个工作日内开出“出货通知单”交仓管员及出货品管员</td><td rowspan="4">稽核频率：
每周一次
信息专递：
流程负责人、流程稽人将稽核状况记录在“流程执行检查表”中，每周六汇总后交稽核中心总监</td></tr>
<tr><td>2</td><td>检前准备</td><td>品管部</td><td>出货品管员</td><td colspan="3">成品检验前，出货品管员是否准备好《抽样计划》、“成品检验规范”、检验工具、资料、记录表单等</td></tr>
<tr><td>3</td><td>成品抽样</td><td>品管部</td><td>出货品管员</td><td colspan="3">出货品管员是否按《抽样计划》、“成品检验规范”对出货成品进行抽样</td></tr>
<tr><td>4</td><td>产品检验</td><td>品管部</td><td>出货品管员</td><td colspan="3">出货品管员是在按“出货检验规范”对出货成品进行检验；检验后是否在 2 个工作小时内填写“出货检验报告”</td></tr>
</table>

续表

<table>
<tr><td colspan="2">流程制定部门</td><td colspan="2">PMC 部</td><td>流程负责人</td><td>PMC 部经理</td><td>流程稽核部门</td><td>稽核中心</td><td>流程稽核人</td><td>稽核专员</td></tr>
<tr><td>序号</td><td colspan="3">流程要点</td><td>执行部门</td><td>执行人</td><td colspan="3">稽核要点</td><td>稽核要求</td></tr>
<tr><td>5</td><td colspan="3">检验结果审核</td><td>品管部</td><td>品管部经理</td><td colspan="3">品管部经理是否根据不合格情况及时对不合格品进行判定，并将结果交成品品管员处理</td><td rowspan="3"></td></tr>
<tr><td>6</td><td colspan="3">成品出货</td><td>仓库/销售部/品管员</td><td>仓管员/业务员/出货品管员</td><td colspan="3">仓管员是否按要求对检验合格的产品做出货处理；是否有未检验或检验不合格的产品直接出货；业务员、出货品管员是否有在现场监督出货</td></tr>
<tr><td>7</td><td colspan="3">不合格品处理</td><td>相关部门</td><td>相关人员</td><td colspan="3">出货成品检验不合格时，相关人员是否按“不合格品处理作业流程”进行处理</td></tr>
<tr><td colspan="10">备注：
1. 流程负责人：即流程制定部门负责人，负责流程制定、修订、培训，并对流程的执行情况进行稽核；
2. 乐捐规定：“流程稽核人”稽核发现“执行人”未按本流程作业时，依据流程中“乐捐规定”进行乐捐，同时乐捐“流程负责人”5 元/次；
3. 此卡由稽核中心负责制定、修订，呈总经理核准后实施（流程修订时修订此控制卡）。</td></tr>
</table>

【不合格品处理作业流程】稽核控制卡

<table>
<tr><td colspan="2">流程制定部门</td><td>PMC 部</td><td>流程负责人</td><td>PMC 部经理</td><td>流程稽核部门</td><td>稽核中心</td><td>流程稽核人</td><td>稽核专员</td></tr>
<tr><td>序号</td><td colspan="2">流程要点</td><td>执行部门</td><td>执行人</td><td colspan="3">稽核要点</td><td>稽核要求</td></tr>
<tr><td>1</td><td colspan="2">不合格品判定</td><td>品管部</td><td>制程品管员</td><td colspan="3">制程检验不合格产品，制程品管员是否有张贴“检验标签”</td><td rowspan="5">稽核频率：
每周一次
信息专递：
流程负责人、流程稽人将稽核状况记录在“流程执行检查表”中，每周六汇总后交稽核中心总监</td></tr>
<tr><td>2</td><td colspan="2">不合格品隔离</td><td>生产部</td><td>生产组长</td><td colspan="3">生产组长是否依据产品不合格标识将不合格品隔离</td></tr>
<tr><td>3</td><td colspan="2">不合格品处理</td><td>工程技术部
品管部</td><td>工艺员
品管工程师</td><td colspan="3">工艺员/品管工程师是否根据不合格品情况作出初步判定</td></tr>
<tr><td>4</td><td colspan="2">不合格分析</td><td>工程技术部</td><td>工艺员</td><td colspan="3">工艺员是否对不合格进行原因分析，确定责任人，并提出改善措施</td></tr>
<tr><td>5</td><td colspan="2">不合格品返工</td><td>生产部</td><td>车间主管
生产组长</td><td colspan="3">生产组长是否按不合格判定结果安排对不合格品进行处理</td></tr>
</table>

续表

流程制定部门	PMC 部	流程负责人	PMC 部经理	流程稽核部门	稽核中心	流程稽核人	稽核专员
序号	流程要点	执行部门	执行人	稽核要点			稽核要求
6	特采核准	PMC 部	PMC 部经理	PMC 部经理不合格品需特采时，是否填写“特采申请表”交品管部经理、工程技术部经理、销售部经理审核，并呈总经理核准			
7	判定结果执行	相关部门	相关人员	相关部门是否按总经理最后裁决的结果对不合格品进行处理			
8	不合格改善	品管部	品管部经理	品管部经理是否对制程不合格品进行统计，并做出每周、每月统计分析报告，并主导改善			

备注：

1. 流程负责人：即流程制定部门负责人，负责流程制定、修订、培训，并对流程的执行情况进行稽核；
2. 乐捐规定：“流程稽核人”稽核发现“执行人”未按本流程作业时，依据流程中“乐捐规定”进行乐捐，同时乐捐“流程负责人”5 元/次；
3. 此卡由稽核中心负责制定、修订，呈总经理核准后实施（流程修订时修订此控制卡）。

【客户投诉处理作业流程】稽核控制卡

<table>
<tr><td colspan="2">流程制定部门</td><td>PMC 部</td><td>流程负责人</td><td>PMC 部经理</td><td>流程稽核部门</td><td>稽核中心</td><td>流程稽核人</td><td>稽核专员</td></tr>
<tr><td>序号</td><td colspan="2">流程要点</td><td>执行部门</td><td>执行人</td><td colspan="3">稽核要点</td><td>稽核要求</td></tr>
<tr><td>1</td><td colspan="2">客户投诉信息处理</td><td>销售部</td><td>业务员
销售部经理</td><td colspan="3">业务员是否及时处理客户投诉；自己无法回复或客户表示不满意时，并在 2 个工作小时内是否开具“客户投诉处理单”</td><td rowspan="4">稽核频率：
每周一次
信息专递：
流程负责人、流程稽人将稽核状况记录在“流程执行检查表”中，每周六汇总后交稽核中心总监</td></tr>
<tr><td>2</td><td colspan="2">客户投诉性质判定</td><td>销售部</td><td>业务员
销售部经理</td><td colspan="3">业务员是否按要求对客户投诉进行性质判定（重大投诉、一般投诉），并交销售部经理审核</td></tr>
<tr><td>3</td><td colspan="2">客户投诉原因分析</td><td>销售部
品管部</td><td>销售部经理
品管部经理</td><td colspan="3">品质投诉：品管部经理是否在 1 个工作日内分析出投诉原因（重大投诉需在 4 个工作小时内完成）；非品质投诉：销售部经理是否在 1 个工作日内分析出投诉原因（重大投诉需在 4 个工作小时内完成）</td></tr>
<tr><td>4</td><td colspan="2">客户投诉问题确认</td><td>责任部门</td><td>责任部门经理</td><td colspan="3">责任部门经理是否对本部门责任进行确定，并在“客户投诉处理单”上签字</td></tr>
</table>

续表

<table>
<tr><td>流程制定部门</td><td>PMC 部</td><td>流程负责人</td><td>PMC 部经理</td><td>流程稽核部门</td><td>稽核中心</td><td>流程稽核人</td><td>稽核专员</td></tr>
<tr><td>序号</td><td>流程要点</td><td>执行部门</td><td>执行人</td><td colspan="3">稽核要点</td><td>稽核要求</td></tr>
<tr><td>5</td><td>客户投诉处理</td><td>责任部门</td><td>责任部门经理</td><td colspan="3">责任部门经理是否 4 个工作小时内对客户投诉的问题提出改善措施；相关部门责任是否在“客户投诉处理单”上签字确认</td><td rowspan="4"></td></tr>
<tr><td>6</td><td>客户投诉回复</td><td>销售部</td><td>业务员</td><td colspan="3">业务员是否 2 个工作小时内将“客户投诉处理单”回复给客户</td></tr>
<tr><td>7</td><td>客户投诉回复跟踪</td><td>销售部</td><td>业务员
销售部经理</td><td colspan="3">业务员是否跟踪客户对处理结果的意见，并填写在“客户投诉处理单”上，并知会相关部门</td></tr>
<tr><td>8</td><td>客户投诉信息处理</td><td>销售部</td><td>业务员</td><td colspan="3">业务员是否在每月 5 日前对上月客户投诉进行统计，完成“客户投诉月统计分析表”，并发给相关部门</td></tr>
<tr><td colspan="8">备注：
1. 流程负责人：即流程制定部门负责人，负责流程制定、修订、培训，并对流程的执行情况进行稽核；
2. 乐捐规定：“流程稽核人”稽核发现“执行人”未按本流程作业时，依据流程中“乐捐规定”进行乐捐，同时乐捐“流程负责人”5 元/次；
3. 此卡由稽核中心负责制定、修订，呈总经理核准后实施（流程修订时修订此控制卡）。</td></tr>
</table>

【客户退货处理作业流程】稽核控制卡

流程制定部门	PMC 部	流程负责人	PMC 部经理	流程稽核部门	稽核中心	流程稽核人	稽核专员
序号	流程要点	执行部门	执行人	稽核要点			稽核要求
1	退货信息确认及处理	销售部	业务员	业务员是否与客户进行充分沟通，并对客户退货信息进行确认，确保退货准确性			稽核频率： 每周一次 信息专递： 流程负责人、流程稽人将稽核状况记录在“流程执行检查表”中，每周六汇总后交稽核中心总监
2	退货手续办理	销售部	业务员 销售部经理	业务员是否填写“退货申请表”，并呈销售部经理论审核、总经理核准			
3	退货品入库	仓库	仓管员	仓管员是否按“退货申请表”信息进行退货品入库，并开出“退货品报检单”交成品品管员检验后开出“成品入库单”对退货品作入库处理			
4	退货评审分析	品管部	品管部经理	责任部门经理是否在 1 个工作日内组织工程技术部、PMC 部、生产部、采购部等部门对退货原因进行评审分析，并按照“赔偿管理制度”对责任人进行乐捐判定			

续表

<table>
<tr><td>流程制定部门</td><td>PMC 部</td><td>流程负责人</td><td>PMC 部经理</td><td>流程稽核部门</td><td>稽核中心</td><td>流程稽核人</td><td>稽核专员</td></tr>
<tr><td>序号</td><td>流程要点</td><td>执行部门</td><td>执行人</td><td colspan="3">稽核要点</td><td>稽核要求</td></tr>
<tr><td>5</td><td>退货处理方案拟定</td><td>品管部</td><td>品管部经理</td><td colspan="3">品管部经理是否 4 个工作小时内根据退货原因评审分析结果制订退货处理方案</td><td rowspan="4"></td></tr>
<tr><td>6</td><td>退货处理方案执行</td><td>相关部门</td><td>相关部门经理</td><td colspan="3">相关部门经理是否按退货处理方案对退货品进行处理</td></tr>
<tr><td>7</td><td>退货责任追究</td><td>财务部</td><td>财务部经理</td><td colspan="3">财务部经理是否按“乐捐单”（“退货责任划分决定”）及时对责任进行账务处理或扣款处理</td></tr>
<tr><td>8</td><td>退货备案</td><td>销售部</td><td>销售部经理</td><td colspan="3">销售部经理是否根据“退货申请表”及财务账务处理结果对退货作备案处理</td></tr>
<tr><td colspan="8">备注：
1. 流程负责人：即流程制定部门负责人，负责流程制定、修订、培训，并对流程的执行情况进行稽核；
2. 乐捐规定：“流程稽核人”稽核发现“执行人”未按本流程作业时，依据流程中“乐捐规定”进行乐捐，同时乐捐“流程负责人”5 元/次；
3. 此卡由稽核中心负责制定、修订，呈总经理核准后实施（流程修订时修订此控制卡）。</td></tr>
</table>

【新产品开发作业流程】稽核控制卡

<table>
<tr><td colspan="2">流程制定部门</td><td>PMC 部</td><td>流程负责人</td><td>PMC 部经理</td><td>流程稽核部门</td><td>稽核中心</td><td>流程稽核人</td><td>稽核专员</td></tr>
<tr><td>序号</td><td colspan="2">流程要点</td><td>执行部门</td><td>执行人</td><td colspan="3">稽核要点</td><td>稽核要求</td></tr>
<tr><td>1</td><td colspan="2">新产品立项</td><td>销售部
工程技术部</td><td>业务员
研发工程师</td><td colspan="3">业务员是否开出“新产品开发意向申请表”交研发工程师，研发工程师是否主导相关部门进行评审并将结果回复业务员</td><td rowspan="4">稽核频率：
每周一次
信息专递：
流程负责人、流程稽人将稽核状况记录在《流程执行检查表》中，每周六汇总后交稽核中心总监</td></tr>
<tr><td>2</td><td colspan="2">新产品报价</td><td>工程技术部
销售部</td><td>研发工程师
销售部经理</td><td colspan="3">研发工程师在新产品初步方案设计完成后是否制定“样品报价单”并转销售部经理确认；销经理是否将“样品报价单”呈总经理确认后传客户，并追踪客户确认情况</td></tr>
<tr><td>3</td><td colspan="2">新产品开发</td><td>销售部
工程技术部</td><td>业务员
研发工程师</td><td colspan="3">新产品开发时，业务员是否开出“新产品开发通知单”；研发工程师确认“新产品开发通知单”中信息是否完整、准确，并在“新产品开发通知单”签字，同时制定“新产品开发计划”</td></tr>
<tr><td>4</td><td colspan="2">样品制作</td><td>工程技术部</td><td>研发工程师</td><td colspan="3">研发工程师是否开出“样品制造通知单”，并呈工程技术部经理及总经理审核后主导召开样品试制会议，并跟踪新产品试制过程</td></tr>
</table>

续表

<table>
<tr><td>流程制定部门</td><td>PMC 部</td><td>流程负责人</td><td>PMC 部经理</td><td>流程稽核部门</td><td>稽核中心</td><td>流程稽核人</td><td>稽核专员</td></tr>
<tr><td>序号</td><td>流程要点</td><td>执行部门</td><td>执行人</td><td colspan="3">稽核要点</td><td>稽核要求</td></tr>
<tr><td>5</td><td>样品检验</td><td>品管部</td><td>品管工程师</td><td colspan="3">品管工程师是否对样品外观、尺寸、结构、性能进行检验，并开具“样品检验报告”</td><td rowspan="5"></td></tr>
<tr><td>6</td><td>样品交付</td><td>销售部</td><td>业务员</td><td colspan="3">业务员是否开具“送货单”将样品送客户确认，并跟踪客户样品检验状况</td></tr>
<tr><td>7</td><td>新产品试产准备</td><td>工程技术部</td><td>研发工程师</td><td colspan="3">研发工程师是否组织召开样品试产准备会议，并对相关新零配件、新制程、控制重点进行讲解；会议是否形成会议记录</td></tr>
<tr><td>8</td><td>新产品试产</td><td>工程技术部
品管部</td><td>研发工程师
品管工程师</td><td colspan="3">销售部经理是否根据“退货申请表”及财务账务处理结果对退货作备案处理</td></tr>
<tr><td>9</td><td>新产品资料发放</td><td>工程技术部</td><td>资料管理员</td><td colspan="3">资料管理员是否在 1 个工作日内将修订后的“图纸”、“工艺流程卡”、“作业指导书”等资料分发相关部门</td></tr>
<tr><td colspan="8">备注：
1. 流程负责人：即流程制定部门负责人，负责流程制定、修订、培训，并对流程的执行情况进行稽核；
2. 乐捐规定：“流程稽核人”稽核发现“执行人”未按本流程作业时，依据流程中“乐捐规定”进行乐捐，同时乐捐“流程负责人”5 元/次；
3. 此卡由稽核中心负责制定、修订，呈总经理核准后实施（流程修订时修订此控制卡）。</td></tr>
</table>

【新材料确认作业流程】稽核控制卡

<table>
<tr><td>流程制定部门</td><td>PMC 部</td><td>流程负责人</td><td>PMC 部经理</td><td>流程稽核部门</td><td>稽核中心</td><td>流程稽核人</td><td>稽核专员</td></tr>
<tr><td>序号</td><td>流程要点</td><td>执行部门</td><td>执行人</td><td colspan="3">稽核要点</td><td>稽核要求</td></tr>
<tr><td>1</td><td>新产品立项</td><td>工程技术部</td><td>研发工程师</td><td colspan="3">样品需求时，研发工程师是否开出“材料打样单”并交工程技术部经理审核（需求时间，需求数量、规格、技术要求）</td><td rowspan="5">稽核频率：
每周一次
信息专递：
流程负责人、流程稽人将稽核状况记录在“流程执行检查表”中，每周六汇总后交稽核中心总监</td></tr>
<tr><td>2</td><td>打样需求处理</td><td>采购部</td><td>采购员</td><td colspan="3">采购员是否对“材料打样单”中信息进行确认，并在“材料打样单”上签字，同时安排供应商进行打样</td></tr>
<tr><td>3</td><td>采购部送样</td><td>采购部</td><td>采购员</td><td colspan="3">采购员确认样品资料是否齐全，并转研发工程师确认，并要求工程技术部研发工程师在“材料承认记录”上签收</td></tr>
<tr><td>4</td><td>样品确认</td><td>工程技术部</td><td>研发工程师</td><td colspan="3">研发工程是否参照相关技术文件进行样品确认；样品确认项目包括外观、尺寸、结构、性能等</td></tr>
<tr><td>5</td><td>样品判定</td><td>工程技术部</td><td>研发工程师</td><td colspan="3">样品判定合格时研发工程师是否制作“材料承认报告”；判定不合格时，研发工程师是否在 4 个工作小时内通知采购员，要求采购员重新打样</td></tr>
</table>

续表

<table>
<tr><td>流程制定部门</td><td>PMC 部</td><td>流程负责人</td><td>PMC 部经理</td><td>流程稽核部门</td><td>稽核中心</td><td>流程稽核人</td><td>稽核专员</td></tr>
<tr><td>序号</td><td>流程要点</td><td>执行部门</td><td>执行人</td><td colspan="3">稽核要点</td><td>稽核要求</td></tr>
<tr><td>6</td><td>样品不合格处理</td><td>采购部</td><td>采购员</td><td colspan="3">样品确认不合格时，采购员是否在 2 个工作小时内通供应商要求重新打样，并追踪样品交期</td><td rowspan="4"></td></tr>
<tr><td>7</td><td>样品确认资料发行</td><td>工程技术部</td><td>资料员</td><td colspan="3">发行的“材料承认报告”是否经研发工程师、品管工程师签字确认；资料管理员是否在 1 个工作日分发品管部、采购部及工程技术部</td></tr>
<tr><td>8</td><td>确认资料转交</td><td>采购部</td><td>采购员</td><td colspan="3">采购员是否及时将“材料承认报告”转交供应商，并要求供应商按“材料承认报告”控制交货物料品质</td></tr>
<tr><td>9</td><td>新产品资料发放</td><td>工程技术部</td><td>资料管理员</td><td colspan="3">资料管理员是否在 1 个工作日内将修订后的“图纸”、“工艺流程卡”、“作业指导书”等资料分发相关部门</td></tr>
<tr><td colspan="8">备注：
1. 流程负责人：即流程制定部门负责人，负责流程制定、修订、培训，并对流程的执行情况进行稽核；
2. 乐捐规定：“流程稽核人”稽核发现“执行人”未按本流程作业时，依据流程中“乐捐规定”进行乐捐，同时乐捐“流程负责人”5 元/次；
3. 此卡由稽核中心负责制定、修订，呈总经理核准后实施（流程修订时修订此控制卡）。</td></tr>
</table>

【工程变更作业流程】稽核控制卡

流程制定部门	PMC 部	流程负责人	PMC 部经理	流程稽核部门	稽核中心	流程稽核人	稽核专员
序号	流程要点	执行部门	执行人	稽核要点			稽核要求
1	工程变更申请	申请部门	相关人员	产品、制程工艺变更时，相关人员是否提出“工程变更申请”			稽核频率： 每周一次 信息专递： 流程负责人、流程稽人将稽核状况记录在“流程执行检查表”中，每周六汇总后交稽核中心总监
2	工程变更审核	工程技术部	研发工程师 工艺员	研发工程师/工艺员是否在1个工作日内对“工程变更申请”进行确认；若不同意变更是否在2个工作小是回复申请部门			
3	工程变更库存查实	PMC 部	PMC 部经理	PMC 部经理是否对变更所造成的材料、半成品、成品损失进行书面统计			
4	工程变更会签	工程技术部	研发工程师 工艺员	研发工程/工艺员是否主导相关部门对工程变更进行评审，必要时，召开工程变更会议进行讨论			
5	工程变更登记	工程技术部	资料管理员	资料管理员是否在“工程变更指令”发行当天将变更信息记录于“工程变更履历”中			

续表

流程制定部门	PMC 部	流程负责人	PMC 部经理	流程稽核部门	稽核中心	流程稽核人	稽核专员
序号	流程要点	执行部门	执行人	稽核要点			稽核要求
6	相关文件修订	相关部门	相关人员	相关人员是否根据“工程变更指令”要求在工程变更执行前完成“工艺图纸”等相关文件修订			
7	修订后文件发行	工程技术部	资料管理员	资料管理员是否在 1 个工作日内将修订后的文件发放；资料管理员是否将文件发放至使用文件的所有部门			
8	工程变更执行	相关部门	相关人员	相关人员是否按“工程变更指令”执行；若执行有问题时是否寻求工程技术部协助处理			
9	工程变更追踪	品管部	品管组长	品管组长是否在规定时间内对工程变更进行追踪，并将追踪结果记录于“工程变更追踪记录”中			

备注：

1. 流程负责人：即流程制定部门负责人，负责流程制定、修订、培训，并对流程的执行情况进行稽核；
2. 乐捐规定：“流程稽核人”稽核发现“执行人”未按本流程作业时，依据流程中“乐捐规定”进行乐捐，同时乐捐“流程负责人”5 元/次；
3. 此卡由稽核中心负责制定、修订，呈总经理核准后实施（流程修订时修订此控制卡）。

【模具管理作业流程】稽核控制卡

<table>
<tr><td>流程制定部门</td><td>PMC 部</td><td>流程负责人</td><td>PMC 部经理</td><td>流程稽核部门</td><td>稽核中心</td><td>流程稽核人</td><td>稽核专员</td></tr>
<tr><td>序号</td><td>流程要点</td><td>执行部门</td><td>执行人</td><td colspan="3">稽核要点</td><td>稽核要求</td></tr>
<tr><td>1</td><td>模具开发申请</td><td>工程技术部</td><td>研发工程师</td><td colspan="3">新产品开发涉及开模时，研发工程师是否及时开出“模具请购单”，经总经理核准后，分发模具部、采购部、仓库、财务部</td><td rowspan="6">稽核频率：
每周一次
信息专递：
流程负责人、流程稽人将稽核状况记录在“流程执行检查表”中，每周六汇总后交稽核中心总监</td></tr>
<tr><td>2</td><td>模具采购</td><td>采购部</td><td>采购员</td><td colspan="3">外模采购员是否寻找三家以上供应商进行报价，“模具报价单”是否经总经理审批，采购员是否开出“模具采购单”，经采购部经理审核后，转供应商回传</td></tr>
<tr><td>3</td><td>模具自制</td><td>模具部</td><td>模具部经理</td><td colspan="3">自制模具时，模具部是否设计模具图，是否依据模具图进行模具制作</td></tr>
<tr><td>4</td><td>模具合同签署</td><td>采购部</td><td>采购员</td><td colspan="3">外购模具采购时，是否与供应商签订《模具委外加工协议》</td></tr>
<tr><td>5</td><td>模具验收</td><td>模具部</td><td>模具管理员</td><td colspan="3">外购模具回厂时，仓管员是否以模具数量进行验收，并要“送货单”上签字</td></tr>
<tr><td>6</td><td>试模</td><td>工程技术部</td><td>工艺员</td><td colspan="3">工艺员是否组织品管、生产、模具等部门进行试模；试模后是否开出“模具试模报告”；试模不合格时是否在 2 个工作小时内通知采购部或模具部处理</td></tr>
</table>

续表

流程制定部门	PMC 部	流程负责人	PMC 部经理	流程稽核部门	稽核中心	流程稽核人	稽核专员
序号	流程要点	执行部门	执行人	稽核要点			稽核要求
7	模具使用	生产部	生产组长	模具领用时，生产组长是否在“模具领用表”上登记；模具使用是否按规定进行			
8	模具保养	生产部	生产组长	生产组长是否按“模具管理制度”进行模具保养，保养后是否即时填写“模具保养记录卡”			
9	模具维修	生产部 模具部	生产组长 模具维修员	模具异常时，生产组长是否开出“模具修改申请”通知采购部或模具部进行处理；模具维修后是否进行试模确认			
10	模具报废	模具部	模具管理员	模具损坏无法使用或维修报废时，模具管理员是否开出“模具报废申请”，并交模具部经理、工程技术部经理审核，总经理审批			

备注：

1. 流程负责人：即流程制定部门负责人，负责流程制定、修订、培训，并对流程的执行情况进行稽核；
2. 乐捐规定：“流程稽核人”稽核发现“执行人”未按本流程作业时，依据流程中“乐捐规定”进行乐捐，同时乐捐“流程负责人”5 元/次；
3. 此卡由稽核中心负责制定、修订，呈总经理核准后实施（流程修订时修订此控制卡）。

【生产设备管理作业流程】稽核控制卡

<table>
<tr><td>流程制定部门</td><td>PMC 部</td><td>流程负责人</td><td>PMC 部经理</td><td>流程稽核部门</td><td>稽核中心</td><td>流程稽核人</td><td>稽核专员</td></tr>
<tr><td>序号</td><td>流程要点</td><td>执行部门</td><td>执行人</td><td colspan="3">稽核要点</td><td>稽核要求</td></tr>
<tr><td>1</td><td>设备申购</td><td>需求部门</td><td>部门经理</td><td colspan="3">设备申购时，需求部门经理是否及时开出“设备请购单”，经总经理核准后，分发工程技术部、采购部、仓库、财务部</td><td rowspan="6">稽核频率：
每周一次
信息专递：
流程负责人、流程稽人将稽核状况记录在“流程执行检查表”中，每周六汇总后交稽核中心总监</td></tr>
<tr><td>2</td><td>设备购买</td><td>采购部</td><td>采购员</td><td colspan="3">采购员是否按“设备请购购单”中规格进行设备寻找及议价</td></tr>
<tr><td>3</td><td>设备验收</td><td>工程技术部</td><td>设备管理员</td><td colspan="3">仓管员是否开具“设备入库单”办理入库；设备管理员是否按要求进行设备验收，验收合格时是否在“送货单”上签字确认</td></tr>
<tr><td>4</td><td>设备领用和建档</td><td>使用部门
工程技术部</td><td>使用部门经理
设备管理员</td><td colspan="3">设备验收后，使用部门是否在领用当天开具“设备领用单”领用设备，设备管理员是否在当天将设备登录在“设备清单”中</td></tr>
<tr><td>5</td><td>操作指导书
制定、培训</td><td>工程技术部</td><td>设备管理员</td><td colspan="3">设备管理员是否对所有的设备均制定了“设备操作保养指导书”，并对操作人员进行培训</td></tr>
<tr><td>6</td><td>设备使用</td><td>使用部门</td><td>操作人员</td><td colspan="3">操作人员是否按“设备操作保养指导书”要求操作设备。</td></tr>
</table>

续表

<table>
<tr><td colspan="2">流程制定部门 | PMC 部</td><td>流程负责人</td><td>PMC 部经理</td><td>流程稽核部门 | 稽核中心 | 流程稽核人</td><td>稽核专员</td></tr>
<tr><td>序号</td><td>流程要点</td><td>执行部门</td><td>执行人</td><td>稽核要点</td><td>稽核要求</td></tr>
<tr><td>7</td><td>设备保养</td><td>使用部门</td><td>操作人员</td><td>设备开机时，操作人员是否按“设备操作保养指导书”要求进行设备保养；保养后是否即时填写“设备保养记录卡”；设备管理员是否每天在九点至九点半对设备保养情况进行巡查，并将检查结果记录在“设备保养记录卡”上</td><td rowspan="3"></td></tr>
<tr><td>8</td><td>设备维修</td><td>使用部门
工程技术部</td><td>相关人员
模具维修员</td><td>设备发生故障时，相关人员是否在 30 分钟内通知设备维修员进行处理；设备管理员维修后是否及时将维修状况记录于“设备维修履历”中</td></tr>
<tr><td>9</td><td>设备报废</td><td>工程技术部</td><td>设备管理员</td><td>设备损坏无法使用或维修报废时，设备管理员是否开出“模具报废申请”，并呈使用部门经理、工程技术部经理审核，总经理审批</td></tr>
</table>

备注：

1. 流程负责人：即流程制定部门负责人，负责流程制定、修订、培训，并对流程的执行情况进行稽核；
2. 乐捐规定：“流程稽核人”稽核发现“执行人”未按本流程作业时，依据流程中“乐捐规定”进行乐捐，同时乐捐“流程负责人”5 元/次；
3. 此卡由稽核中心负责制定、修订，呈总经理核准后实施（流程修订时修订此控制卡）。

【量测仪器管理作业流程】稽核控制卡

<table>
<tr><td>流程制定部门</td><td>PMC 部</td><td>流程负责人</td><td>PMC 部经理</td><td>流程稽核部门</td><td>稽核中心</td><td>流程稽核人</td><td>稽核专员</td></tr>
<tr><td>序号</td><td>流程要点</td><td>执行部门</td><td>执行人</td><td colspan="3">稽核要点</td><td>稽核要求</td></tr>
<tr><td>1</td><td>量测仪器申购</td><td>需求部门</td><td>需求部门经理</td><td colspan="3">量测仪器申购时，需求部门经理是否及时开出“量测仪器请购单”，经总经理核准后，分发品管部、采购部、仓库、财务部</td><td rowspan="5">稽核频率：
每周一次
信息专递：
流程负责人、流程稽人将稽核状况记录在“流程执行检查表”中，每周六汇总后交稽核中心总监</td></tr>
<tr><td>2</td><td>量测仪器购买</td><td>采购部</td><td>采购员</td><td colspan="3">采购员是否按“量测仪器请购单”中规格进行量测仪器寻找及议价</td></tr>
<tr><td>3</td><td>量测仪器验收</td><td>品管部</td><td>品管工程师</td><td colspan="3">仓管员是否开具“量测仪器入库单”办理量测仪器入库；品管工程师是否按要求量测仪器设备验收，验收合格时是否在“送货单”上签字确认</td></tr>
<tr><td>4</td><td>量测仪器
领用和建档</td><td>使用部门
品管部</td><td>相关人员
品管工程师</td><td colspan="3">量测仪器验收后，使用部门经理是否在领用当天开具“量测仪器领用单”领用量测仪器，品管工程师是否在当天将量测仪器登录在“量测仪器清单”中</td></tr>
<tr><td>5</td><td>操作指导书
制定、培训</td><td>品管部</td><td>品管工程师</td><td colspan="3">品管工程师是否对所有的量测仪器均制定了“量测仪器操作保养指导书”，并对操作人员进行培训</td></tr>
</table>

续表

流程制定部门	PMC 部	流程负责人	PMC 部经理	流程稽核部门	稽核中心	流程稽核人	稽核专员
序号	流程要点	执行部门	执行人	稽核要点			稽核要求
6	量测仪器使用	使用部门	操作人员	操作人员是否按“量测仪器操作保养指导书”要求操作量测仪器			
7	量测仪器保养、校正	使用部门	操作人员	操作人员是否按“量测仪器操作保养指导书”要求进行量测仪器保养；保养后是否即时填写“量测仪器保养记录卡”；品管工程师是否定期对量测仪器进行校正，并做校正记录			
8	量测仪器设备维修	使用部门 品管部	相关人员 品管工程师	量测仪器发生故障时，相关人员是否在 30 分钟内通知品管工程师进行处理；维修后，品管工程师是否及时将维修状况记录于“仪器维修履历”中			
9	量测仪器报废	品管部	品管工程师	量测仪器损坏无法使用或维修报废时，品管工程师是否填写“量测仪器报废申请”，并呈使用部门经理、品管部经理审核，总经理审批			

备注：
1. 流程负责人：即流程制定部门负责人，负责流程制定、修订、培训，并对流程的执行情况进行稽核；
2. 乐捐规定：“流程稽核人”稽核发现“执行人”未按本流程作业时，依据流程中“乐捐规定”进行乐捐，同时乐捐“流程负责人”5 元/次；
3. 此卡由稽核中心负责制定、修订，呈总经理核准后实施（流程修订时修订此控制卡）。

稽核管理制度

1. 目的

为规范管理，使各项工作有序地开展，更好地激发公司全体员工工作积极性和主观能动性，提高工作效率，特制定本管理制度。

1.1 通过稽核，提高执行力。

1.2 检查发现公司各部门工作中存在的问题，并帮助被稽核部门分析原因进行改善。

1.3 检查、落实公司各项规章制度、程序文件、管理办法以及会议决议的执行情况及其工作进度。

1.4 加强与促进公司部门之间的协调、沟通。

1.5 检查、跟进公司政策、方针、会议精神等信息的贯彻执行和反馈。

1.6 准确掌握全公司员工的工作业绩，为公司绩效考核提供依据，促进公司各部门提高工作效率。

1.7 建立、健全和完善公司责任制约机制。

1.8 纠错纠偏，树立正面典型，弘扬正气。

1.9 促进企业和谐发展。

2. 范围

2.1 公司日常工作稽核及专案稽核。

2.2 公司各部门、各岗位（从总经理至生产一线员工）。

3. 权责

3.1 稽核办权责。

3.1.1 稽核办代表总经理对各部门、各岗位行使监督权、检查权、奖惩权；

3.1.2 稽核检查各部门、各岗位是否按公司各项相关规章制度、程序文件、管理办法、作业流程、岗位说明书等规定进行作业；

3.1.3 坚持以公司相关规章制度、程序文件、管理办法、作业流程、岗位说明书等制度规范为准绳，以事实为依据，以纠偏、教育为目的，实事求是，不徇私舞弊、不偏不袒、公正无私；

3.1.4　对稽核工作中发现的问题有督导改进和奖罚权；

3.1.5　有权召集被稽核部门相关人员参与调查座谈会。

3.2　稽核办主任权责。

3.2.1　接收总经理所分配的稽核工作任务；

3.2.2　为稽核办专员分解稽核任务，并提出专项稽核提案；

3.2.3　主持稽核办日常工作，包括稽核办例会、稽核专项会议的召开；

3.2.4　为稽核专员提供工作指导；

3.2.5　对稽核专员的工作进行检查和跟进；

3.2.6　汇总每个稽核周期的稽核工作，将稽核总结分发各部门并上报总经理；

3.2.7　对公司流程/制度的总体运作进行有效、全面的监督和维护。

3.3　稽核专员权责。

3.3.1　认真学习各种制度条文，在稽核中熟练掌握奖罚尺度，使公司各项工作良性、持续发展；

3.3.2　根据流程“稽核控制卡”“稽核任务书”“稽核时间安排表”规定自动自发地进行稽核工作；

3.3.3　按时按质完成“稽核任务书”“稽核时间安排表”和总经理、稽核办主任分配的专项稽核任务；

3.3.4　按时完成“稽核检查表”“整改通知书”“稽核汇总表”“专项稽核报告”“乐捐单”的填制和上交；

3.3.5　及时向稽核办主任反馈和汇报在稽核工作中遇到的各种规章制度、程序文件、管理办法、作业流程、岗位说明书等规定的缺陷并提出建议。

3.4　公司各部门权责。

3.4.1 在稽核办稽核工作中各部门、各岗位负责提供每月工作计划、总结（每月第5个工作日前）和专项计划及总结；

3.4.2 在稽核办稽核工作中各部门、各岗位负责提供各种例会和专题会议的记录；

3.4.3 在稽核办稽核工作中各部门负责提供本部门人事任命、异动或职责、职能调整等相关记录；

3.4.4 在稽核办稽核工作中各部门、各岗位负责提供客观的证据证明此项任务已完成；

3.4.5 各部门对各种规章制度、程序文件、管理办法、作业流程、岗位说明书等规定的缺陷可提出修改建议；

3.4.6 在稽核办稽核工作中各部门、各岗位对稽核工作有异议可书面向稽核办主任提出申请，由稽核办主任提议在稽核办例会上讨论举手表决形成决议。

3.5 人力资源部权责。

根据稽核办转交的“乐捐单”发出乐捐通告。

3.6 财务部权责。

根据“乐捐单”和人力资源部提供的“稽核乐捐汇总表”从当月责任人工资中扣除乐捐，有权对人力资源部和稽核办提供的“稽核乐捐汇总表”的真实性、准确性进行核查。

4. 稽核办组织架构

4.1 稽核办直属总经理，对总经理直接负责。

4.2 建立以稽核办主任、稽核专员为组员的稽核办。

4.3 稽核办分工：根据流程“稽核控制卡”“稽核任务书”和“稽核时间安排表”进行分工作业。

4.4 组织架构。

4.5 稽核办人事任免决定。

4.5.1 稽核办人事任免由稽核办主任提名，总经理批准；

4.5.2 稽核办储备成员经总经理或稽核办成员推举在稽核办例会

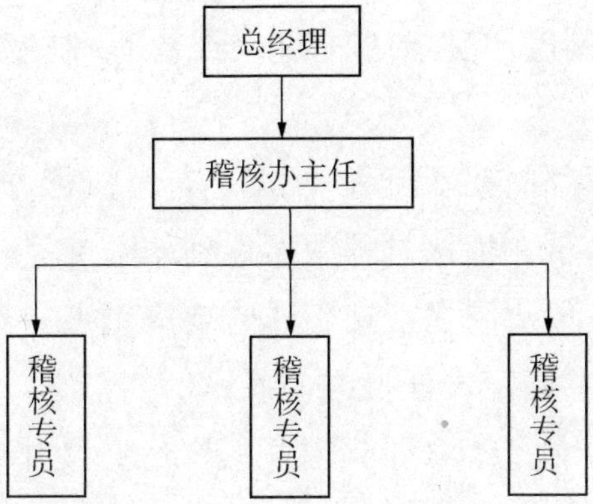

讨论后报总经理审批。

5. 稽核内容

5.1　工作职责。

5.2　作业流程。

5.3　程序文件。

5.4　管理办法。

5.5　操作指引。

5.6　规章制度执行。

5.7　6S。

5.8　上班考勤、纪律。

5.9　绩效管理。

5.10　安全生产。

5.11　工作任务。

5.12　会议决议的执行。

5.13　“内部联络单”的执行。

5.14　日常工作计划、总结。

6. 稽核办例会

6.1　稽核专员例会汇报内容：

6.1.1　稽核专员汇报每个稽核周期内所发现的问题点部分，包括需乐捐或整改的问题及专项稽核总结报告；

6.1.2　流程/制度不完善、不健全或流程/制度中未规定作业程序等问题；

6.1.3　被稽核部门在新流程/制度运行时执行方面存在的问题；

6.1.4　稽核专员在稽核过程中所遇到的困难等问题；

6.1.5　稽核专员每周在汇报工作时要将重点专项稽核用“鱼骨图”分析其深层次原因并判定责任最终归属；

6.1.6　稽核办例会针对问题讨论形成决议并将决议传达至相关部门。

6.2　稽核例会目的。

6.2.1　通过稽核查出问题，提出解决问题和预防同类问题的方案；

6.2.2　通过讨论和交流提高稽核专员的专业能力和提升稽核效率；

6.2.3　促进企业管理制度/流程的不断健全和完善。

6.3　量化稽核指标。

6.3.1　对稽核专员工作进行量化，主要指标为：一个稽核周期（一般为7天）内每名稽核专员必须提出3项问题点及处理建议。

6.3.2　对稽核专员进行绩效考核，主要指标有：稽核任务完成率、专项稽核完成率、稽核部门投诉率等指标。

7. 稽核作业程序

7.1　稽核检查。

7.1.1　稽核专员根据流程“稽核控制卡”“稽核任务书”和“稽核时间安排表”所安排任务到相关部门稽核；

7.1.2　稽核专员要求被稽核部门提供相关证据以供稽核专员检查；

7.1.3　稽核专员将稽核事实客观地填写在“稽核检查表”上，稽核内容栏应包括事实描述、证据记录等，由被稽核单位相关责任人员签名确认，如责任人拒绝签字的，由其直接上司确认属实后签字；处理结果栏应包括乐捐、奖励、责令限期整改等内容（奖励、乐捐建议的须有相关资料、证据）；

7.1.4　对于处理结果中有整改要求的，由稽核专员填制“整改通知书”中接受整改部门、部门负责人、整改发出日期和整改内容等栏并签名后，由被整改部门责任人在“接收整改部门责任人”栏签名确认，被整改部门责任人根据稽核专员的要求填写原因分析和整改措施并签名确认后第一联交被整改部门责任人实施整改；

7.1.5　稽核专员在整改期限到后3个工作日内应再次进行稽核，并将整改稽核结果，如实填报在“整改通知书”中整改稽核栏上；

7.1.6　在稽核过程中检查出违纪情况由稽核专员当场开具“乐捐单”，由当事人签字确认，当事人拒绝签字的由其一级和二级直接上司确认后签字并对拒绝签字的当事人酌情加倍乐捐；

7.2　稽核结果处理及落实。

7.2.1　稽核专员将一式四联经责任人或其两级直接上司签字确认的“乐捐单”在半个工作日内交稽核办主任审批后一式三联转人力资源部，同时稽核办将第一联存档备查。

7.2.2　人力资源部根据生效乐捐单在1个工作日内发出通告公布。

7.2.3　人力资源部将生效乐捐单中第二联存档备查，第三联由稽核专员转财务部，第四联由人力资源部转被乐捐部门或责任人。

7.2.4　财务部根据稽核办审核签字后的“稽核乐捐汇总表”同已存档的第三联“乐捐单”对照复查，无异议则对被乐捐人进行扣款，并将“稽核乐捐汇总表”存档备查。

7.2.5　对于已交辞职报告，但还未离开公司员工的乐捐，在办理辞职手续时由人力资源部在“离职审批表”中注明扣除该员工当月乐捐，财务部根据“离职审批表”在结算该员工工资时扣除乐捐。

7.2.6　稽核办主任根据“稽核检查表”“稽核汇总分表”“整改通知书”“专项稽核报告”“乐捐单”建立“稽核汇总表”“稽核乐捐汇总表”归档备查。

8. 申诉程序

8.1　被稽核部门及责任人对稽核处理结果有重大异议的，应向稽核办主任提出书面申诉报告，稽核办主任审查是否受理，被受理的由稽核办主任在稽核办例会上提议，依据相关制度讨论、表决并形成最终处理意见，稽核办主任要在稽核办例会后2个工作日内给予申诉者回复申诉处理结果，不予受理的申诉，稽核办主任应在接到申诉后2个工作日内在申诉报告上注明不予受理的理由后退回申诉者。

8.2　对于没有或缺乏处理依据的问题由稽核专员或其他相关人员书面提交稽核办例会讨论，根据少数服从多数的原则形成稽核办例会决议，由稽核办主任向总经理申请修改文件或制定新的制度。

8.3　稽核办主任根据稽核办例会决议的申诉处理结果，对申诉成功的给予免去原有的乐捐，对申诉失败的维持原来的乐捐。

9. 公司各部门申请稽核程序

9.1　公司各部门负责人有检查下属工作的责任，不得将本人职责内的工作提交稽核办稽核。

9.2　相关部门之间有相互协调的职责，不得将本人职责内的协调沟通工作提交稽核办稽核。

9.3　行政投诉管理制度受理范围内的内容，稽核办可先行接收转交行政投诉受理部门处理。

9.4　以上范围之外，需要稽核办进行稽核的，必须提交书面申请并由部门负责人签字确认后转稽核办，由稽核办主任决定稽核或转行政投诉程序进行处理。

9.5　经稽核办例会讨论决定稽核后成立专项稽核，按正常稽核程序处理。

10. 管理办法

10.1　稽核办乐捐规定。

10.1.1　稽核办专员未能按期完成稽核周期内稽核任务或有遗漏的，乐捐10元/单；

10.1.2　稽核专员未按期提交上报“稽核检查表”“稽核汇总表”的，延期一天，乐捐10元/单；

10.1.3　稽核专员接到公司各部门、各岗位书面投诉，未在稽核办例会提报的，乐捐10元/单；

10.1.4　稽核专员在稽核工作中被投诉弄虚作假、徇私舞弊、偏袒一方等严重不良行为，经调查确认属实的，乐捐100元/次，并取消其稽核专员资格；

10.1.5　稽核办主任或稽核专员在稽核处理事件后，经申诉调查确认属稽核错误的，处稽核办主任、稽核专员各乐捐20元/单；

10.1.6　稽核办主任未将“稽核检查表”“稽核汇总表”“稽核乐捐汇总表”“乐捐单”归档管理的，乐捐10元/单；

10.1.7　稽核人员违反公司保密制度或其他保密协议的，按公司相对应制度进行处理；

10.1.8　在稽核周期内未达到或完成稽核指标要求的，乐捐20元/项；

10.1.9　未遵守“稽核制度”规定或其他稽核要求的，乐捐20元/次；

10.1.10　稽核专员当月故意不执行稽核任务的，取消其稽核资格；（特殊情况需经总经理和稽核办主任批准方可延期或放弃稽核）

10.1.11　对稽核专员进行乐捐的乐捐由财务部从其当月工资中扣除。

10.2　被稽核部门乐捐规定。

10.2.1　被稽核部门不配合稽核工作、态度蛮横、拒绝提供稽核所需资料的，视情节，被稽核部门相应责任人乐捐20~100元/次，情节特别严重的，由稽核办主任书面提报总经理予以停职反省、撤职或辞退处理；

10.2.2　稽核工作中被稽核部门未按时完成工作任务的，按照相对应的规章制度、程序文件、管理办法、作业流程中乐捐规定进行乐捐；

10.2.3　稽核工作中被稽核部门未按时完成工作任务，如相对应的规章制度、程序文件、管理办法、作业流程乐捐规定中无明确的乐捐依据的，稽核专员要求责任部门负责人乐捐10元/项？天，并开出“整改通知书”责令限期整改；

10.2.4 限期整改的责任部门仍未在整改期限内完成任务的，乐捐20元/单，并再次下达“整改通知书”要求限期整改，限期整改的责任部门仍未在整改期限内完成任务的，责任人乐捐40元/单，其直接上司乐捐20元/单；

10.2.5 被稽核部门相关责任人拒绝在“乐捐单”上签字确认的，经稽核办例会讨论后认定属实的，由其责任人隔级上司确认后签字，并对责任人处以原乐捐金额的双倍乐捐。

11. 稽核时间、方式

11.1 按照“稽核任务书”“稽核时间安排表”规定进行稽核。

11.2 不定期专项稽核，同时对日常工作采用抽查的方式进行稽核。

11.3 要求按期完成的稽核任务，因特殊原因需要延长完成时限的，必须经稽核主任批准后方可延期完成。

11.4 稽核内容涉及多个部门的稽核专员要一查到底，直到追究出最终责任人。

12. 安全措施

12.1 稽核人员在进行稽核时，要认真细致，认真检查，耐心说服，有效沟通，发现问题及时纠正。

12.2 在稽核工作中重事实、数据，对照相对应的规章制度、程序文件、管理办法、作业流程，严格检查。

12.3 稽核工作中涉及公司保密信息的，由稽核办向总经理提报，按总经理批示后确认是否稽核。

12.4 公司全体员工和各部门负责人要积极支持、配合稽核工作，严禁对稽核人员进行恐吓、打击、报复，一经查实将予以辞退或开除处理。

13. 相关表单

13.1 “稽核任务书”。

13.2 “稽核时间安排表”。

13.3 “稽核检查表”。

13.4 “乐捐单”。

13.5 “整改通知书”。

13.6 “稽核申请单”。

13.7 “专项稽核报告”。

13.8 “稽核汇总表”。

13.9 “稽核乐捐汇总表”。

稽核申请单

<table>
<tr><td>稽核申请部门</td><td></td><td>稽核申请人</td><td></td><td></td><td></td></tr>
<tr><td colspan="6">申请稽核事由描述：</td></tr>
<tr><td>稽核办主任审核</td><td colspan="5"></td></tr>
<tr><td>说明</td><td colspan="5">1. 此单一式两联，1 联白联稽核办，2 联绿联稽核申请部门
2. 此单由稽核申请部门填制后，转稽核办经稽核办主任核准后由稽核专员稽核。</td></tr>
</table>

乐捐单

<table>
<tr><td>时间</td><td></td><td>责任部门</td><td></td><td>责任人</td><td></td><td>职务</td><td></td></tr>
<tr><td colspan="8">乐捐事实、依据及结果：</td></tr>
<tr><td>责任人</td><td></td><td>责任人
直接上司</td><td></td><td>稽核员或
开单者</td><td></td><td>稽核办
主任</td><td></td></tr>
<tr><td>说明</td><td colspan="7">1. 此单一式四联，1 联白联稽核办，2 联绿联人力资源部，3 联红联财务部，4 联黄联交责任人
2. 此单由稽核办成员或员工现场开单，经责任人和其直接上司签字后转稽核办主任审核后转人力资源部发通告。</td></tr>
</table>

整改通知书

<table>
<tr><td>接受整改部门</td><td></td><td>部门负责人</td><td></td><td>发出日期</td><td></td></tr>
<tr><td colspan="6">事实描述：

稽核专员签字/日期：　　　　接受整改部门责任人签字/日期：</td></tr>
</table>

续表

<table>
<tr><td>接受整改部门</td><td></td><td>部门负责人</td><td></td><td>发出日期</td><td></td></tr>
<tr><td colspan="6">原因分析：

原因分析人签字/日期：</td></tr>
<tr><td colspan="4">整改措施</td><td>责任人</td><td>完成日期</td></tr>
<tr><td colspan="4"></td><td></td><td></td></tr>
<tr><td colspan="6">稽核办主任确认/日期： 部门负责人签字/日期：</td></tr>
<tr><td colspan="6">整改完成情况及效果：

部门负责人签字/日期：</td></tr>
<tr><td colspan="6">整改稽核：

稽核专员签字/日期：</td></tr>
<tr><td>说明</td><td colspan="5">此单一式两联，白联交整改责任部门进行整改，黄联由稽核专员存根。</td></tr>
</table>

专项稽核报告

事实描述： 稽核专员（签字）/日期：　　　　稽核办主任签字/日期：
原因分析： 原因分析人签字/日期：
改善措施： 原因分析人签字/日期：
处理结果： 稽核专员签字/日期：
稽核跟进结果： 稽核专员签字/日期：

稽核任务书

年　　月　　日

项次	项目	项目内容	起止时间	稽核专员	责任人确认

下单签字	总经理： 年　　月　　日	接单签字	稽核办主任： 年　　月　　日

稽核检查表

<table>
<tr><td>被稽核部门</td><td></td><td>被稽核人员</td><td></td><td>稽核日期</td><td>年　　月　　日</td></tr>
<tr><td>稽核内容</td><td colspan="5">

责任部门负责人签字/日期：</td></tr>
<tr><td>处理结果</td><td colspan="5">

稽核主任签名/日期：　　　　　　稽核专员签名/日期：</td></tr>
</table>

稽核汇总表

项次	稽核时间	被稽核部门	稽核项目	问题点	处理结果	改善要求及时限	跟进结果	责任人签字	稽核员
1									
2									
3									
4									
5									
6									
7									
8									
9									
10									

续表

项次	稽核时间	被稽核部门	稽核项目	问题点	处理结果	改善要求及时限	跟进结果	责任人签字	稽核员
11									
12									
13									
14									
15									
16									
17									
18									

数据汇总	稽核内容统计	新流程		新制度		计划任务		专案		上周整改项	
	稽核结果统计	问题点		已乐捐		建议项数		整改总量		整改合格项	
	问题点类别	执行差		文件不完善		贯彻不到位		延期完成		其他问题	

稽核乐捐汇总表

时间：________年___月___日至________年___月___日

序号	乐捐单号	乐捐通报号	乐捐时间	部门	责任人	乐捐金额	备注

续表

序号	乐捐单号	乐捐通报号	乐捐时间	部门	责任人	乐捐金额	备注

编制：　　　　　　　　　　审核：

稽核时间安排表

稽核部门	稽核专员	签名确认	时间安排	备注
说明	1. 稽核专员必须自行按照此表和“稽核任务书”稽核，如有变动另行通知			
	2. 稽核专员在稽核检查后及时向稽核办主任反馈、汇报稽核检查结果			
稽核办主任：				年　月　日

稽核办__月第__周工作计划与总结表

（____月____日至____月____日）上周计划完成与总结情况描述							（____月____日至____月____日）下周工作计划				
序号	上周工作计划	完成状况	比率	未完成事项原因	最迟完成时间	责任人	序号	工作计划	计划完成时间	责任人	其它要求
1							1				
2							2				
3							3				
4							4				
5							5				
6							6				
7							7				
8							8				
其它协助事项说明：							需协助事项说明：				

编制：　　　　　　　　　　　　稽核办主任

稽核工作总结

稽核周期：______年____月____日至____月____日

序号	稽核项目	稽核结果	备注
1			
2			
3			
4			
5			
6			
7			
8			
9			

报告人/日期：

稽核管理制度考试题

姓名：________ 部门：________ 日期：________ 得分：________

每题有且只有一个答案是正确的，请您将正确的答案编号填在对应的括号里，共20题，每题5分，共100分。

1. 下列不属于“稽核制度”“稽核目的”的是：（　　　　）

A. 提高执行力；

B. 帮助被稽核部门改善工作；

C. 建立、健全和完善责任制约机制；

D. 加大乐捐力度，为公司创收。

2. 稽核的依据不包括：（　　　　）

A. 规章制度；　　　　B. 作业流程；

C. 工作职责；　　　　D. 个人工作习惯。

3. 下列不属于稽核范围（对象）的是：（　　　　）

A. 部门经理；　B 班组长；　C. 一线员工；　D. 董事会。

4. 稽核专员的人事任命权限是：（　　　　）

A. 个人申请，稽核办主任批准；

B. 部门经理推荐，稽核办主任批准；

C. 稽核办主任提名，总经理批准；

D. 一律由董事会任命。

5. 在稽核工作中，“稽核检查表”：（　　　　）

A. 需由被稽核部门相关责任人签名确认；

B. 完全不用被稽核部门相关责任人签名确认；

C. 是否需要被稽核部门相关责任人签名确认由稽核专员自己决定；

D. 直接找其最高领导签字即可。

6. 稽核“整改通知书”中的“原因分析”及“整改措施”栏由：（　　　　）

A. 稽核专员负责填写；　　　　B. 被稽核部门责任人填写；

C. 找一个最专业的人来填写　　D. 稽核办主任填写。

7. 稽核后要求整改的，稽核专员应在整改期限到后多少日内再次进行稽核：(　　　)

A. 1 分钟；　　B. 3 个工作日；　　C. 半年；　　D. 1 年。

8. 人力资源部在接到生效的“稽核乐捐单”后多少时间内应发出乐捐通报：(　　　)

A. 2 分钟；　　B. 1 个工作日；　　C. 3 个月；　　D. 6 个月。

9. 对于缺乏处理依据的责任问题，对责任人如何处理？(　　　)

A. 因为缺乏依据，不管后果多严重，对责任人都不得乐捐；

B. 由稽核专员根据经验和习惯决定乐捐；

C. 由稽核办主任个人决定；

D. 应由稽核专员或其他相关人员书面提交稽核办例会讨论，根据少数服从多数的原则形成乐捐决议。

10. 被稽核部门对稽核处理结果有异议的，应如何处理：(　　　)

A. 应向稽核办主任提交书面申诉报告，由稽核办主任决定是否受理，决定受理的在稽核例会上进行表决形成最终处理意见；

B. 重大稽核异议全部由总经理裁决；

C. 由稽核专员直接调解处理；

D. 不予理睬。

11. 被稽核部门相关责任人拒绝在“稽核乐捐单”签字的，应如何处理？(　　　)

A. 经稽核例会讨论决定属实后由其上司签字确认，并对责任人处以双倍乐捐；

B. 直接取消乐捐；

C. 一律由总经理裁决；

D. 由董事会决定。

12. 被稽核部门不配合稽核工作，态度蛮横、拒绝提供稽核所需资料的，应如何处理？(　　)

A. 视情节处以乐捐，情节特别严重的，由稽核办主任书面提报总经理予以停职反省、撤职或辞退处理；

B. 取消稽核；

C. 耐心说服，说不服时由稽核专员自由处理；

D. 由董事会直接处理。